Karel Hynek Mácha, der prominenteste tschechische romantische Dichter, wurde 1810 in Prag geboren und starb schon 1836 in Leitmeritz (heute Litoměřice) in Nordböhmen. Neben und nach seinem Studium an der Universität Prag betrieb er eine juristische Karriere. Sein literarischer Nachlass besteht nur aus dem vollendeten *Der Mai*, mehreren epischen und dramatischen Fragmenten sowie unvollendeten Prosastücken. Sein Ruhm in der tschechischen Literatur beruht hauptsächlich auf dem tragischen Gedicht *Der Mai* und seiner lyrischen Poesie.

Der Slavist, Literaturwissenschaftler und Übersetzer **Walter Schamschula**, geboren in Prag, lehrte in Frankfurt am Main, Saarbrücken und ab 1970 in Berkeley; zwischenzeitlich begründete er den slavistischen Lehrstuhl in Bamberg. Er hat sich mit zahlreichen Übersetzungen aus dem Tschechischen, Polnischen und Slowakischen einen Namen gemacht; seine Spezialität ist die Versübersetzung.

Karel Hynek Mácha

Der Mai

und

Gedichte in Auswahl

Aus dem Tschechischen übersetzt
von Walter Schamschula

ALFRED KRÖNER VERLAG STUTTGART

Karel Hynek Mácha
Der Mai und Gedichte in Auswahl
Aus dem Tschechischen übersetzt
von Walter Schamschula
Stuttgart: Kröner 2020
ISBN: 978-3-520-61701-9

Umschlagestaltung Denis Krnjaić unter Verwendung einer Skizze von Alfons Mucha

Klimaneutral
Druckprodukt
ClimatePartner.com/12514-2003-1003

Gesamtherstellung: Friedrich Pustet Regensburg

Inhalt

Der Mai 7

Des Dichters eigene Erläuterungen zu dem Poem 49

Acht Sonette 53

Lieder im Volkston 65

Außer der Reihe 89

Nachwort des Übersetzers 93

Erläuterungen zu den Texten 111

Der Mai 111

Die Sonette: 115

Lieder im Volkston etc. 119

Kurze Bibliographie 125

Jan Vilímek:
Karel Hynek Mácha,
um 1900

Der Mai

1836

Dem hochverehrten Herrn,
Herrn Hynek Komm,
niedergelassenen Prager Bürger,
dem glühenden Patrioten,
als Beweis seiner Verehrung gewidmet
vom Schriftsteller

Weit ist mein Weg!
Vergebens alles Rufen!

I

Zur späten Stund' – des ersten Mai –,
Zur Mitternacht – der Liebe Zeit –,
Der Taube Ruf sang Liebesleid,
Wo Kieferndufft weht fern herbei.
Von Liebe flüstert es im stillen Moose;
Es log sein Leid der Blütenbaum;
Der Seufzenden von Liebestraum
Die Nachtigall sang ihre Lieb' der Rose.
Am stillen, dunklen Waldeskleid
Tönt heimlich dumpfen Schmerz der See,
Vom Strand umarmt in süßem Weh;
Und Sonnen – hell – äonenweit –
Durchirrten himmelblaue Sphären,
Entflammten dort wie Liebeszähren.
Die Welten all am Himmel prangend
Sind eingegangen in den Liebesdom,
Bis sie – verloht zu Funken – weit im Strom,
Verirrt, vergehend und verlangend,
Zuletzt sich einen, liebend sich umfangend.
Des Mondes schönes Angesicht –
So hell wie bleich, so bleich wie hell –
Wie Liebchen suchet sein Gesell,
Erglüht in rosenfarb'nem Licht,
Erschaut sich selbst im Glast der Wogen mild,
Vergeht in Sehnsucht nach dem Ebenbild.
Es glänzte der Gehöfte fahler Schein,

Die nah und näher sich umwindend
Eingingen in der Dämmrung Schrein,
Wie in Umarmung sich verbindend,
In eins zerflossen dann im Abendgrau,
Mit Baum und Baum gesenkt ins Waldesblau.
Zuletzt verdunkeln sich die Höhen,
Wo Birke, Föhre dichtauf stehen
Sich zugeneigt – und Well' auf Welle –,
Sie quillt im Strome: Lebensquelle –
Du füllst die Kreatur, die dir zu Lehen.

Im Rosenschein der Abendstund'
Vom Felsenkliff hoch überm Uferpfade,
Vom Eichenschatten weit im Rund
Ein Mädchen blickt zum fernen Seegestade.
Strömt blau zu Füßen ihr die Welle,
Die grüner schimmert in der Weite
Und grüner noch zur Gegenseite,
Bis sie zerrinnt zu fahler Helle.
Die unermessne Wasserfläche
Durchforscht des Mädchens matter Blick;
Die unermessne Wasserfläche,
Sie spiegelt nur der Sterne Glanz zurück.
Gefallner Engel du! Auf blassen Wangen,
Wie Amarant im Lenze schon vergangen,
Spielt, schöne Maid, noch deiner Schönheit Bild.
Die alles von ihr nahm, die Stunde,
Schrieb Gram ihr auf die Stirne mild,
Und Anmut doch auf ihrem Munde.

Schon zwanzig Tage waren heut vergangen,
Die stille Landschaft hält ein Traum umfangen.
Gar jäh verlöschen letzte Gluten
Und über blauen Höhn verbluten
Die Himmel noch im Rosenschein.
»Er kommt nicht wieder! Weh, er kommt nicht mehr! –
Betrogen bin ich – kummerschwer!«
Und Gram schnürt ihr den Busen ein,
Es schlägt das Herz in schmerzlichem Begehren,
Und in der Wogen Raunen tief und weit
Mischt sich des Mädchens Herzeleid.
Der Sterne Heer erglänzt in ihren Zähren,
Die – Funken gleich – auf ihren Wangen spielen.
Die heißen Lichtlein sind auf kühlen Wangen
Sternschnuppen gleich im Fall vergangen;
Die Blüte dorrt, auf die sie niederfielen.

Doch sieh, wie über Kliffes Rand
Sie starrt, weit über steiler Felsen Grund:
In milder Brise flattert ihr Gewand,
Ihr Auge sucht des fernen Ufers Rund. –
Die Tränen trocknet sie behende,
Das Auge, spähend nach der fernen Lände
Sie schirmt geschwinde mit der Hand,
Blickt hin zum Berg, wo Wogen sich verengen,
Wo Funken in der Flut an Funken drängen
Und Stern an Stern im weiten Band.

Sowie ein Täubchen, weiß wie Schnee,
Dahinfliegt unter schwarzer Wolke Streif,
Die Wasserlilie aufblüht vor dem Reif
Aus tiefer Bläue, wo der See
Zum Bergeshang sich windet, naht sich dort
Auf dunkler Flut ein Schein dem Felsenort
Und nähert eilig sich. Und jäh,
Nicht wie der Lilie Weiß, des Täubchens Flug,
Vielmehr wie eines Storches hehrer Zug
Ein leuchtend Segel strebt geschwind herbei,
Ein Ruder teilt die blaue Flut entzwei,
Zieht lange Furchen weit im Kreis.
Die gold'nen Rosen bei den Eichenbäumen,
Die auf den Höhen flammen heiß,
Mit Rosengold die Stirn der Wogen säumen.
»Ein flinkes Boot kommt schnell heran!
Er ist's, er ist's! Die Federn auf dem Hut,
Die Blumen, seines Blickes Lebensglut,
Der Rock!« Vertäut schon ist der Kahn.

Steilauf zum Felsen strebt mit leichtem Tritt
Der Schiffer auf dem engen Steig.
Errötend birgt sich hinter dem Gezweig
Des Baums das Mädchen. – Da! Vor Lust
Sie klatscht, sie fliegt, nur noch ein kleiner Schritt:
Schon liegt sie an des Schiffers Brust –
»Ha, weh mir, weh!« – Des Mondes fahles Licht
Enthüllt ihr ein bekanntes Angesicht;
Vor Schrecken ihr das Herze stille stand.

»Wo ist mein Wilhelm?«
»Sieh!« der Schiffer spricht
Mit leiser Stimm': »Wohl über Ufers Rand,
Dort jenseits, ist ein Türmchen aufgericht
In Waldesnacht; sein weißer Schein
Ragt in des Wassers Schoß hinein;
Doch tiefer noch gebadet in die Welle
Dringt aus dem Fenster einer Lampe Helle;
Dort in Gedanken Wilhelm wiegt sein Haupt,
Dass ihn der nächste Tag des Lichts beraubt.
Er lernte deinen Fall, lernt seine Schmach;
Und wie er den Verführer schlägt, im Streich
Erschlägt den eig'nen Vater er zugleich.
Die Strafe folgte seiner Untat nach. –
In Schande wird er sterben. – Ihm wird Frieden
Erst, wenn die rosig frischen Wangen
Fahl auf dem Rad verblichen sind, beschieden,
Sein Leib sich rankt um Rad und Stangen.
Das ist des Herrn der Wälder Urteilsspruch! –
Nimm hin für seine Schmach, für deine Schuld,
Die Schmach der Welt, nimm meinen Fluch!«

Er wendet sich – die Stimme schweigt –
Vom Kliff herab er hurtig steigt,
Gewinnt am Felsenufer dann den Kahn.
Des Storches Zug, so fliegt er hin geschwind,
Der Lilien Weiß am Wellengrund zerrinnt;
Beim Bergeshang verliert sich seine Bahn.
Still sind die Wellen, trüb der Wogen Mund,

Azurnes Blau deckt alles zu im Rund,
Ein weißes Kleid sich spiegelt über Wellengrund,
Und im Gelände raunt es »Jarmila, Jarmila!«

Zur späten Stund'– des ersten Mai –,
Zur Maiennacht – der Liebe Zeit –,
Zum Liebesspiel des Täubchens Schrei
Ruft »Jarmila! Jarmila! Jarmila!«

2

Es sank aus fernen Himmelszonen
Ein toter Stern, ein blauer Schein,
Fällt in unendliche Regionen,
Geht in die ew'ge Wohnung ein.
Vom Grab des Alls ertönt sein Heulen,
Sein schrecklich Tosen, Jammern weit.
»Ach, wann wird er sein Ziel ereilen?«
Kein Ziel, kein End in Ewigkeit.
Rings um des weißen Turms Profil
Die Wellen wispern, raunt des Windes Spiel.
Der Mond hat an die bleiche Wand
Gemalt sein silberweißes Band;
Doch tief im Turm ist Finsternis allein.
Es dringt des Mondes lichte Macht
Noch durch ein schmales Fensterchen herein
Und mündet in das Grau der Nacht.
Der Säulen Arme ringsumher sich einen
In Finsternis. Von außen greint das Lied
Des Winds, der um das Haar des Häftlings zieht,
Wie längst gemordeter Gefang'ner Weinen.
Den Kopf in seine Hand gefasst
Ruht er an einem Tisch von Stein,
Halb sitzend noch und knieend fast,
Hüllt sich in tiefes Grübeln ein.
Wie Wolken ziehn vor Lunas bleichem Bild,
So hat die Seele er tief eingehüllt;
Gedanke kommt – zieht in Vergessen ein.

»O tiefe Nacht! Mit dem Gewand
Deckst du zur Ruh mein stilles Land,
Da sie sich grämt, vergeht nach mir. –
Vergeht? – nach mir? – ein barer Traum!
Vergessen hat mich alles hier.
Und wenn das Licht des Tages kaum
Sich über diese Wälder hebt,
Muss ich in Schmach mein Leben schließen,
Wo sie in freudigem Genießen
Wie einst in Seligkeit erbebt.«

Er schweigt. In des Gewölb's Geviert,
Das auf den Säulen hoch sich schwingt,
Fern, ferner noch die Stimme dringt,
Bis sie – gleichwie in Angst – erfriert;
Unter der Wölbung Endlichkeit
Verhallt sie in der Dunkelheit.

Des Dunkels Frieden lässt erstehn
Die Tage der Vergangenheit.
Im Traum sieht er vorübergehn
Die längstverflossne Jugendzeit.
Erinn'rung an sein junges Glück
Ruft seine Phantasien zurück;
Und seine Augen füllen Tränen,
Es quillt das Herz in tiefem Sehnen; –
Umsonst zieht zur Vergangenheit sein Blick.

Wo westwärts Berg an Berg sich reiht,
Jenseits des Sees bei dunklen Kieferbäumen,

Da spielt er heut das Spiel der Kinderzeit
Zum letzten Mal wie einst in süßen Träumen.
Vom eignen Vater in die Welt verbannt
Wuchs auf er in der Räuber Einsamkeit.
Zu ihrem Führer ward er dann ernannt,
Und seine Taten wurden allen kund;
Gerühmt war bald sein Nam' in aller Mund,
Als »Herr der Wälder« war er rings bekannt.
Bis seine Wut entflammt die Leidenschaft
Zur Rose, die zur Unzeit ward entlaubt:
Da er den Widersacher niederrafft,
Trifft er des unerkannten Vaters Haupt.
Drum schmachtet er in Kerkerbanden;
Das Rad soll morgen seinen Leib empfangen,
Des Herrn der Wälder, wenn in diesen Landen
Aufgeht des jungen Tages Prangen.

Den Kopf in seine Hand gefasst
Ruht er an einem Tisch von Stein,
Halb sitzend noch und knieend fast,
Hüllt sich in tiefes Grübeln ein.
Wie Wolken ziehn vor Lunas bleichem Bild,
So hat die Seele er tief eingehüllt,
Gedanke kommt – zieht in Vergessen ein.

»Rival der Vater! Sohn und Mörder ich!
Der meine Liebste hat entehrt,
Er war mir unbekannt. – Da er verblich,
Ward zweifach Rache ihm beschert.

Warum, von seiner Hand hinausgejagt,
Ward ich zum Schreck der Wälder wider Willen?
Wes Schuld sühnt er, der nächste Tag,
Und wessen Fluch muss sich erfüllen?
Nicht meine Schuld! – Des Lebens Wahn
Warf mich vielleicht auf diese Bahn,
Zu tilgen seiner Untat Erbe?
Weshalb, wenn nicht durch eigenes Gebot
Ich's tat, erleid ich schmählich diesen Tod,
Dass vor der Zeit und ewig ich verderbe?
Vor Zeit und ewig? – ewig – Zeit –«
Des Häftlings Stimme bricht in Bangigkeit,
Sie hallt zurück auf dunklen Mauern hin.
Ein stummer Schatten tiefer Nacht
Dringt in die Zelle ein mit Macht,
Und neuer Traum zieht in des Häftlings Sinn.

»Ach du, Geliebte, Engel mein!
Warum fielst du, eh ich dich hab erkannt?
Musste mein Vater dein Verführer sein?
Mein Fluch« – bis seines Herzens Feuersbrand
Die Stimm' erstickt. Da sprang er auf – er stand –,
In dunkler Nacht die Ketten klirren,
Und aus dem Fenster seine Blicke
Über der Wogen Unrast irren,
Der volle Mond schlägt seine Brücke
Auf schwarzen Bergen, eh der Sterne Schar
Einmündet in der Nacht Altar.
Des Häftlings Auge sucht das Weiß,

Das auf der Wasserfläche schimmert,
Den Sternenglanz, der eitel flimmert,
In seiner Brust brennt Sehnsucht heiß.
»O Welt so wunderbar! O schöne Nacht!
Wie Licht und Dunkelheit sich paaren!
Von dieser Herrlichkeit, von dieser Pracht
Schon morgen wird mein Blick nichts mehr gewahren!
Wie dort die graue Wolkenbank
Sich fern und ferner noch erstreckt,
So wird« – Es sank der Häftling, und sein Auge sank,
Die Ketten klirren im gewölbten Gang,
Bis Totenstille alles zugedeckt.

Schon hüllte einer Wolke Schatten, groß
Wie eines Riesenvogels Federkleid,
Bedeckt des fernen Dunkels Schoß,
Und Finsternis herrscht weit und breit.
Horch! Hinter Bergen trauter Klang
Steigt auf in diesem dunklen Rund,
Das Waldhorn tönt in zärtlichem Gesang,
Erfüllt das Land zur späten Stund'.
Der süße Ton hat alles ringsumher,
Hat auch das Land in Schlaf gewiegt.
Der Häftling fühlt den Schmerz nicht mehr,
So hat die Melodie das Leid besiegt.
»Wie hauchst du, Leben, deine Harmonien
In diese nächtlichen Gefilde!
Ach morgen, eh die Lichter noch verblühn,
Wird meiner Sinne Kraft verglühn,

Betäubt für diese Klanggebilde!«
Er sinkt zurück – die Kette klingt,
Ihr Klirren füllt die leeren Hallen. –
Und tiefe Stille. – Neuer Schmerz durchdringt
Die Brust, hat neu sein Herz befallen.
Das fern so zart herübersingt,
Das Waldhorn hört er leis verhallen.
»Morgiger Tag?! – Zukünft'ge Zeit?!
Was jenseits liegt, ist's Wirklichkeit?
Oder ist's Schlafen ohne Traumgesicht?
Vielleicht ist Traum auch dieses Sein,
Das ich jetzt friste, geh ich ein
In neuen Traum, wenn bald mein Auge bricht?
Was mir nicht ward in diesem Leben,
Wird es im Jenseits mir gegeben?
Wird morgen neue Kunde mich begrüßen?
Wer weiß es? – Niemand kann es wissen.«

Und wiederum er schweigt. Die stille Nacht
Sinkt auf das weite Land herab,
Sie losch des Mondes lichte Macht,
Sie losch der Sterne Schein, und ringsumher
Ist bares Dunkel, gähnt so leer
Das weite Tal wie ein entferntes Grab.
Es schweigt der Wind, des Wassers Stöhnen,
Verstummt ist auch des Waldhorns zartes Tönen,
Und reines Dunkel, Totenstille,
Warf um die Mauern ihre Hülle.
»O Nacht so tief! O dunkle Nacht! –

Gar tiefer noch sie morgen dräut – – –
Hinweg Gedanke!!« – Der Empfindung Macht
Besiegt des Grübelns Bitterkeit.

Und tiefes Schweigen. Von der nassen Wand
Verrinnen Tropfen sich mit Tropfen,
Und ihres Falles hohles Dröhnen
Ist in der weiten Zelle festgebannt,
Als mäßen sie die Zeit mit ihrem Klopfen,
Wie sie entstehn – vergehn – verstöhnen,
Entstehn – vergehn – und abermals ertönen.

»O Nacht so lang! O lange Nacht! –
Noch längre Nacht mich bald umfängt.
Hinweg Gedanke!« – Des Entsetzens Macht
Hat den Gedanken schon hinweggedrängt.
Und Stille tief. – Des Tropfens Schall
Misst abermals die Zeit mit seinem Fall.

»Dunklere Nacht!« – In diesen finstern Ort
Bisweilen Mondschein, Schein der Sterne bricht,
Doch dort herrscht bloßer Schatten, dort
Erglüht kein einzig – einzig – einzig Licht.
Was bleibt, ist schiere Dunkelheit –
Ist alles Eins, sind keine Teile –
Unendlichkeit – misst keine Weile –
Nicht Nacht vergeht, kein Tag bricht an,
Und nicht verschwindet dort die Zeit. –
Ist endlos, ohne dass sie je enteile,

So schaut Unendlichkeit mich an.
Dort ist kein Ziel, kein Ziel in Ewigkeit,
Ist reine Leere – über mir,
Um mich herum, ist unter mir,
Vollkommne Leere, die dort gähnt.
Unendlich Stille – keine Stimme weit. –
Unendlich Raum – und Nacht – und Zeit – –
Das ist des Sinnes Todestraum,
Das, was sich ›Nichts‹ benennt.
Und wenn der nächste Tag sich kaum
Geendet, tret ich in den leeren Raum. – – –«
Betäubt er sinkt, betäubt sein Wort verstöhnt.

Die Wasser spielen weit im Kreise,
Unter dem Turm erhebt sich zart Geflüster,
Da Welle spricht mit Welle leise,
Zu singen ihm den Schlaf mit ihrer Weise,
Der tief versunken in des Sinnes Düster.

Die Kette klirrt in ihrem Fall,
Sie weckt den Wächter, der mit seinem Licht
Hereintritt. Seiner Schritte Hall
Aus Schreckensträumen reißt den Häftling nicht.
In langer Helle fließt der Lampenschimmer
Von Säul' zu Säule hin im Raum,
Geschwächt, verblasst zu leisem Flimmer,
Bis dann gebrochen seine Macht
Im Hintergrund, und finstre Nacht

Umschattet des Verlieses Saum.
Doch unbewegt der Häftling blickt,
Als hätten ferne Nebel ihn entrückt –
Als blickte er ins Nichts hinein.
Obwohl des Wächters Lampe sein Gesicht
Bedeckt mit ihrem roten Licht,
Das bare Dunkel flieht der Lampe Schein.
Da ruht, das Haupt in seine Hand gefasst,
Sich stützend an den Tisch von Stein,
Halb sitzend er und knieend fast,
Sinkt wieder tief in Ohnmacht ein.
Und lispelnd gibt sein müder Mund,
Welch böser Traum ihn quäle, kund.

»Mein Geist – mein Geist – und meine Seele!«
So dringt das Wort aus seiner Kehle
Gebrochen aus gepresstem Mund.
Doch eh das Wort das Ohr erreicht,
Es wiederum ins Nichts verstreicht –
Wie es entstand, so geht's zugrund'.

Der Wächter kommt, der Lampe Licht
Erreicht des Häftlings Angesicht.
Ein Bild so grauenvoll – in wilder Glut
Sein Auge gleichsam festgebannt,
Fern ins Unendliche gespannt,
Auf seinem Antlitz Tränen – Schweiß – und Blut;
Wie stiller Sang im Mund das Flüstern ruht.

Der Wächter hat sein furchtsam Ohr
Zu des Gefang'nen Mund geneigt und lauscht,
Und flüsternd wie ein Wind, der rauscht,
So bringt er seines Lebens Kunde vor.
Der Wächter nah und näher hingebeugt,
Zum Häftling nieder hingeneigt,
Bis seinem Ohr der Mund genähert spricht.
Der Häftling stiller flüstert, bis er schweigt,
So schweigt, als schlief' er fest und gut.

Der Wächter aber steht und regt sich nicht. –
Der Tränen Lauf bedeckt sein Angesicht,
Und tiefes Weh in seinem Herzen ruht. –
So steht er lang, verwurzelt, auf der Stelle,
Dann endlich fasst er wieder Mut,
Erhebt sich, eilt davon in Schnelle.
Er hat, solang' er noch auf Erden weilt',
Was er vernommen, niemand mitgeteilt.
Auf nimmer hat auch seine blassen Wangen
Je Lachen, Fröhlichkeit umfangen.

Nach ihm hüllt wieder Schatten groß
Der ausgedehnten Halle Schoß;
In dunkler Nacht des Tropfens Fall
Misst abermals die Zeit mit seinem Schall.

An seinen Tisch von Stein gestützt
Der Häftling kniet zugleich und sitzt.
Ein Bild so grauenvoll, in wilder Glut

Sein Auge gleichsam festgebannt,
Fern ins Unendliche gespannt,
Auf seinem Antlitz Tränen – Schweiß – und Blut.

Und weiter misst des Tropfens Schall,
Die Zeit mit seinem steten Fall:
Der Tropfen – Sang des Windes und der Flut,
Verheißt, dass bald sein End vollbracht,
Der in Betäubung niedersinkt. –
Von fern der Eule Ruf erklingt,
Die Glocke über ihm schlägt Mitternacht.

INTERMEZZO I
MITTERNACHT

(Landschaft)

Im weiten Tiefland bleicht des Mondes Schimmer,
Gebirge ruhn in Nacht – im See spielt Sternenflimmer,
Ein Hügel aus dem Wasser sich erhebt.
Auf einem Pfahl ein Rad errichtet ward,
Auf dem ein weißer Schädel starrt.
Ein Geisterchor ihn rings umschwebt,
Verworf'ner Spukgestalten wilde Fahrt.

Chor der Geister

»Zu Mitternacht ist Stille ringsumher;
Auf Gräbern schwebt verirrter Lichtlein Heer.
Ihr blaues, totenblasses Licht
Bescheint des heut' Begrabenen Gesicht;
Ans eigne Grabeskreuz geschmiegt,
Der hier zuletzt zu Grab gelegt,
Muss halten Wacht – wo alles schlafend liegt.
Und im Zenit steht eine Wolkenschicht,
Die obenauf den Mondschein trägt,
Der glänzt auf das gebrochne Augenlicht,
Auf seines Maules geiles Klaffen,
Auf der verzerrten Kiefer Gaffen.«

Eine Stimme

»Dies ist die Stund'! – Die Stätte ihm bereitet,
Denn morgen wird zu uns geleitet
Der Herr der Wälder schreckensreich!«

Chor der Geister
(den Schädel abnehmend)

»Verlasse nun das Totenreich,
Nimm Stimme an, nimm wieder Leben,
Komm unter uns, sei uns gegrüßt.
War lang bemessen, deine Frist,
Dein Platz wird einem andern übergeben.«

Schädel
(zwischen ihnen sich drehend)

»Wie sehnen meine Glieder sich,
Woll'n wieder beieinander sein.
Sieh, welch ein Wimmeln fürcherlich,
Bricht schon mein neuer Traum herein?«

Eine Stimme

»Bereitet haben wir sein Bette.
Und wenn die Uhr schlägt Mitternacht,
Hat uns der Sturmwind hergebracht.
Geleiten ihn zur Ruhestätte.«

Chor der Geister

»Bereitet haben wir sein Bette.
Und wenn die Uhr schlägt Mitternacht,
Hat uns der Sturmwind hergebracht.
Geleiten ihn zur Ruhestätte.«

Eine Stimme

»Flieg über's weite Feld, du Stimme mein:
Zu Mitternacht wird mein Begräbnis sein!
Was seine Gabe sei, sag jeder mir!«

Der Galgen mit dem Rad

»Der Sarg will ich dem Toten sein.«

Die Frösche aus dem Sumpf

»Den Grabgesang woll'n wir ihm weihn.«

Der Wirbelsturm auf dem See

»Die Blasmusik will ich erheben.«

Der Mond im Zenit

»Lass mich das weiße Bahrtuch weben!«

Der Nebel über den Bergen

»Ich will den Trauerflor ihm geben.«

Die Nacht

»Schwarze Gewänder sind mein Teil«

Die Berge in der Landschaft

»Gewand und Flore gebt uns eben.«

Der fallende Tau

»Die Tränen leihe ich derweil.«

Die Heide

»Ich will mit Weihrauch euch ergötzen.«

Die sinkende Wolke
»Den Sarg tu ich mit Regen netzen.«

Die fallende Blüte
»Dazu den Totenkranz ich winde.«

Die leichten Winde
»Dann auf den Sarg lass uns ihn breiten.«

Die Glühwürmchen
»Wir woll'n mit kleinen Kerzlein schreiten.«

Der Sturm aus der Tiefe
»Ich weck der Glocken hohlen Ton.«

Der Maulwurf unter der Erde
»Ich heb das Grab ihm aus geschwinde.«

Die Zeit
»Der Deckel sei mein Angebinde.«

Vor dem Mond fliegende Schar von Nachtvögeln
»Zum Leichenschmaus wir kommen schon!«

Eine Stimme
»Gar festlich wird das Totenfest getan.
Der fahle Mond schon seine Macht verlor.
Der Morgenstern tut auf das weite Tor,
Der Tag bricht an! Der Tag bricht an!«

Chor der Geister
»Der Tag bricht an! Der Tag bricht an!«
(Sie verschwinden.)

3

Der Tag ist über Bergen aufgestiegen,
Erweckt mit Rosen Lenzesauen;
Noch auf den waldbedeckten Gauen
Wie Nebel sacht – verirrte Träume fliegen.
Vom Waldesdunkel zu den Rosenhimmeln
Die Dünste bläulich aufwärts steigen,
Und blaue Nebelflocken wimmeln
Über der Wellen zartem Farbenreigen.
Im Bergesschatten noch – an seinem Strand –
Und talwärts hin bis zu den Forsten weit
Der weißen Höfe helles Band
Erglänzt, bis – eines Königs Majestät –
In nächtlich feierlichem Kleid,
Gekragt in rosenfarbnen Himmelsschoß,
In weiter Fern der Berge höchster steht.

Kaum ist der Sonne purpurrote Spur
Über der Berge blauer Dunkelheit erstanden,
Da jubelt fröhlich alle Kreatur.
Im grünen See schwebt einer weißen Vogelschar Kontur;
Der leichten Nachen schnelle Ruderschlag und Lauf,
Er teilt der Wellen dunkles Blau in rote Striemen auf.
Über dem Seegestade rauscht der Kiefernhain,
Aus ihm erschallt der Drosseln Psalm, der Vögel Frühchoral
Klingt zu dem Sang der Mädchenreigen rings im Tal;
Was Odem hat, stimmt in des jungen Maies Feier ein.

Wie ein Gesang wehn sacht die Morgenwinde,
Der Wildgans Flug dort über'm Wald sie lenken,
Die jungen Bäumchen auf den Höhn sie senken,
Verstreuen weißes Blühn über die grünen Gründe. –
Nur eines trübt des jungen Tages Schöne:
Wo eine schmale Zunge in den See sich streckt,
Von wo der kleinen Stadt, des weißen Turmes Schein,
Ragt tiefer in des grünen Wassers Schoß hinein,
Des Morgens Frieden mächtiges Getöse weckt.
Da drängen Menschen aus den Toren mit Gedröhne,
Von ferne eilt das Volk – und größer wird der Hauf –,
Und größer, immer größer schwillt die Menge,
Wird unermesslich groß. – Es wächst noch immer das
[Gedränge:
Ein armer Sünder geht zum Hochgericht hinauf.

Und ein Soldatenzug durchs Stadttor schreitet,
Mit leichtem Tritt in seiner Mitte ihn geleitet,
Der nun geschmückt wie einst, führt ihn den Weg bergauf.
Der Menge Lärm verstummt – erhebt sich wie zuvor,
Und aus dem Brodeln steigt manch Ruf empor:
»Er ist's, er ist's! Die Federn auf dem Hut,
Die Blumen, seines Blickes Lebensglut!
Der Rock! Er ist's! Der Herr der Wälder schreckensreich!«
So tönt von überall des Volkes Ruf zugleich.
Und stärker schwillt der Lärm – wie Wogenschlagen,
Je näher schon den Sünder seine Schritte tragen.
Um ihn herum das Volk – wie Wolken vor dem
[Himmelszelt,

Und aus der Menge wie ein Blitzstrahl eine Waffe scheint.
Der Todgeweihte leichten Schritts den Blick zum Boden
[hält;
Vom Städtchen Glockenklang, die Menge im Gebet
[vereint.

Vom Seegestade sich ein kleiner Hügel hebt,
Dort steht ein langer Pfahl, auf dem ein Rad ist aufgebaut.
Nahbei ein steiler Berg, der in zwei Gipfeln aufwärtsstrebt,
Einer Kapelle Weiß vom höhern Gipfel talwärts schaut.
Und langsam schreitend vor dem Kirchlein endet das
[Geleite;
Jetzt tritt alles zurück. – Der arme Sünder steht allein,
Zum letzten Mal geführt in der Natur erhabnen Schrein,
Um noch einmal zu schau'n der dunklen Berge Weite,
Wo einst die frohe Zeit der Kindheit er verlebt
Vor der Kapelle weißem Schein, wo noch einmal
Auf rosarotem Firmament hoch über'm Tal
Zum Herrn der Welt, der Himmel, dankend er die Blicke
Verstummt ist jeder Laut, das Volk steht unbewegt, [hebt.
Erhabene Empfindung sich in allen Herzen regt.
Erbarmen mit dem Unglücksel'gen lässt sie heben
In Trauer tief den tränenvollen Blick zur Bergeswand.
Die Allnatur des armen Sünders Aug' umspannt,
Still im Gebet er steht vor Gott und tief ergeben.

Da färbt der jungen Sonne rotes Licht
Des Missetäters bleiches Angesicht.
Vom Auge er die Tränen streift,

Das traurig in die Ferne schweift.
Tief unter ihm des schönen Tales Grund,
Umschlossen von der Wälder Rund,
Der Berge Kranz es rings umsäumt.
Dort liegt der helle See und träumt
Inmitten blütenreicher Auen.
Zum nahen Ufer Blau sich windet,
Das grüner schimmert in der Weite
Und grüner noch zur Gegenseite,
Bis es in fahle Helle mündet.
Und weiße Höfe ringsum schauen,
Am weiten Ufer hingestreut.
Im See der weißen Vögel Chor,
Der kleinen Nachen Emsigkeit,
Bis wo er in das weite Tor
Der Berge fließt und in das Blau sich lenkt.
Die Boote, der Gehöfte Weiß am Uferrand,
Der Turm, die Stadt, der weißen Vögel Schar,
Die Hügel und der dunklen Berge Wand –
All dies gezeichnet spiegelklar,
Wie in den Schoß des Sees hineingesenkt.
Und dort ein Felsenkliff am blauen Saum
Das blütenreiche Seegestade drängt,
Auf diesem Kliff ein weitgespannter Baum –
Der alte Eichbaum, wo – in jener Zeit –
Der Taube Ruf sang Liebesleid,
Wohin nun nimmer seinen Schritt er lenkt. –
Doch hier ein Hügel aufwärts strebt,
Auf einem Pfahl, darauf ein Rad sich hebt –

Und auf der Höh', auf der er steht, ein Hag
Rauscht jugendfrisch – rauscht Traurigkeit.
Der Sonne Schein liegt auf den Fluren weit
Und Morgentau – das ist der junge Maientag.

Dies alles kann sein Auge noch einmal umfassen,
Das alles soll er ewig nun verlassen;
Und schwerer Kummer seine Brust bedrängt,
Aus Seelengrund er stöhnt – und Träne über Träne quillt –
Noch einmal – und zum letzten Mal erfährt er dieses Bild,
Das tränenreiche Auge er zum Himmel lenkt.
Die weißen Dämpfe unter'm Himmelsblau entfliehn,
Die leichte Brise spielt mit ihnen milde,
Hoch oben in entlegene Gefilde
Die weißen Wölkchen auf der Bahn des Himmels ziehn,
Und traurig spricht der Häftling hin zum Himmelsbogen:
»Ihr, die ihr kommt so weit dahergezogen,
Die ihr das Erdenrund mit eurem Arm umschließt,
Wie Sterne aufgelöst, wie Schatten auf dem blauen Zelt,
Ihr Trauernden, die ihr, da Trauer euch befällt,
Zu stillen Tränen auseinanderfließt,
Euch habe ich erkoren unter allen
Zu meinen Boten. Und wohin die Fahrt euch trägt,
Auch dort, wo sie ans ferne Ufer euch verschlägt,
Die Erde grüßet mir in eurem Wallen,
Die Erde, die so schön, die Erde vielgeliebt,
Die meine Wiege und mein Grab und Mutter mein,
Erkorne Heimat, die in Liebe sich vergibt,
Die weite Erde, Erde sie allein!

Und wenn euch eure Wanderschaft zu jenem Felsen bringt,
Wo über'm See sich härmt ein Mägdelein –«
Er schwieg, und Träne über Träne seinem Aug' entspringt,
Schon schreitet er vom Berg auf breiter Straße
Mit den Soldaten durch den jungen Kiefernwald
Hinab – und noch hinab – erreichen sie den Hügel bald,
Und wieder ist verstummt der Lärm der breiten Masse.
Da ist der Henker schon mit seinem Schwert zur Stell,
Noch einmal hebt der Häftling seinen Blick hinan,
Er blickt im Rund – er seufzt – bis dann –
Ihn wieder senkend – er zum Tod sich rüstet schnell;
Entblößt die Brust, der Henker tritt zurück,
Der Häftling kniet, ein grauenvoller Augenblick,
Es glänzt das Schwert, der Henker wuchtig schwingt,
Schnellt es im Kreis, es blitzt dem Häftling im Genick –
Da fällt das Haupt – ein Sprung und noch einmal er
Der Leib sich nun zur Erde senkt – [springt –
Zur Erde, die so schön, zur Erde vielgeliebt,
Zu seiner Wiege, seinem Grab, zur Mutter sein,
Zur auserkornen Heimat, die in Liebe sich vergibt,
Zur weiten Erde, Erde nur allein,
Zur Mutter, seiner Mutter, die das Blut des Sohnes tränkt.

Und Glied auf Glied gebrochen ward, bis auf dem Rad
Über dem Pfahl der Körper findet seine Ruhestatt,
Dann auf dem Rad erhält das Haupt erst seine Lage;
So endete der Herr der Wälder seine Tage –
Und auf dem toten Antlitz schlummert letztes Träumen.
Unzähl'ge Menschen rings den kleinen Hügel säumen,

Betrachten es, bis erst der Tag sich endet,
Und da der Sonne Lauf gen West sich neigt,
Die Lachen auf den starren Blick des Schädels sendet,
Das weite, abendliche Seegestade schweigt.

Auf dunklen Bergeshöhn ist letzte Glut entbrannt,
Ins tiefe Schweigen schlich des Mondes Licht,
Versilbert eines Schädels bleiches Angesicht
Und jenen Hügel, der am Seegestade stand.
Fern sind die Städte, wie der Wolken Weiß auf Bläue schwebt
Und über sie in fernes Land der tote Blick sich hebt,
Ins Land, wo er als Kind – o schöner Jugend Blüten! –
So weit hat sie hinweggeführt der Zeiten Wüten.
Weit ist sein Traum, ein Schemen, der verraucht,
Wie weißer Städte Bild in Wassertiefen eingetaucht,
Wie längst Verstorbener verflüchtigte Gedanken,
Wie ihre Namen, wie vergang'ner Schlachten Dröhnen,
Wie Nordlicht längst erstorben, Schimmer, die versanken,
Zerschlag'ner Harfe Klang, gebroch'ner Saiten Tönen,
Vergang'ner Zeiten Mär, verblich'nen Sternes Spielen,
Verlosch'nen Irrlichts Wandern, toten Liebchens Fühlen,
Der Ewigkeit versunk'nes Sein, wie Gräber, die verfielen,
Verlosch'ner Flamme Rauch, geschmolz'ner Glocke
Das ist der Toten schöne Kinderzeit. [Sturmgeläut,

Zur späten Stund' – des zweiten Mai –,
Zur Maiennacht – der Liebe Zeit –,
Der Taube Ruf singt Liebesleid:
Singt »Wilhelm! Wilhelm! Wilhelm!«

INTERMEZZO II

Die Berge stehen aufgereiht,
Von einem sich zum andern eine Wolke spannt,
Gehöhlt wie finstere Gewölbewand,
Und Berg mit Berg sie fest verschränkt.
In diesem Tal zur späten Zeit
Ist Stille, eines Grabes Dunkelheit,
Wo hinter Bergen unter Wolkengrau
In weiter Fern die Höhen auseinanderstehn,
Im fernen Dunkel sie, gesenkt,
Die schroffen Mauern zu sich lenkt,
Bevor die Berge dort zusammengehn,
Dass endlich unter blauem Wolkenstau
Die Felsen eine enge Pforte ziehn,
Dahinter fern, unter der Wolke Grau,
Noch dunkelrote Feuer glühn;
Ein langer Streif in flammend rotem Licht
Ist gegen Westen ausgebreitet,
Auf dessen rotem Angesicht
Das Nachtgeflügel seine Kreise zieht,
Als hätte sich das Feuertor geweitet,
Durch das es in die Ferne flieht.
Die Flammenglut verblasst – verblasst – verglüht,
Zuletzt des Himmels Unermesslichkeit
Mit Nachttau weint sein Trauerlied,
Betrübend sich und auch der Erde Blumenkleid.

Dort in des Talgrunds tiefem Schrein,
Im schattigen, uralten Eichenhain
Sitzt weit im Rund ein selt'ner Reigen.
In weiße Mäntel sie sich hüllen –
Es sind die nächtlichen Gespielen.
Sie starren vor sich hin in Schweigen,
Bewegungslos, betäubt zur Erde;
In des Entsetzens schrecklicher Gebärde
Sind sie erstarrt zu Götzensäulen.
Im unbewegten Kreise stilles Heulen,
Wie abendliches Singen im Gelände,
Wie Flüstern leis, wie Weinen kommt's geschlichen –
Wie stilles Raunen ohne Ende:
»Der Herr ist tot: – Der Führer ist verblichen!«

Da weint der Wirbelwind und stöhnt,
Durch's unbewegte Rad hindurch es tönt:
»Der Herr ist tot: – Der Führer ist verblichen!«

Und wie des Laubes Flüstern leise,
Wo unter'm Felsenhang das Echo hallt,
Beständig tönt es da im Kreise,
Da tönt's im Chor, ohn' Unterlass es schallt:
»Der Herr ist tot: – Der Führer ist verblichen!«

Es bebt der Wälder ferner Grund,
Unbändig hallt der Klageruf im Rund:
»Der Herr ist tot! – verblichen!! – ist verblichen!!!«

4

Die Frühlingsblume welkt, da ist der schöne Mai
[verflogen,
Der Sommer flammt; – dann ist der Sommer auch
[vergangen,
Der Herbst, der Winter – wieder Lenzes Prangen:
Im Flug der Zeiten kamen viele Jahre hergezogen.

Wohl sieben Jahr' danach – des Jahres letzter Tag;
Die Nacht darauf war tief. – Da Mitternacht begann,
Begann das neue Jahr. Das Land in Schlummer lag,
Doch nah dem See kommt eines Pferdes Huf heran.
S'ist meines Pferdes Huf. – Ich ritt des Nachts durch dieses
Zur Stadt, und an dem Bühl, da seine Statt [Tal

Der Wälder schreckensreicher Herr erhalten hat,
Erblick ich Wilhelms bleiches Haupt zum ersten Mal.
Durch mitternächtliches Gefild, wohin das Auge fällt,
Ein weites Tuch von weißem Schnee sich streckt
Auf Tal und See, auf Berge, Wald und Feld,
Hält alles – auch den Schädel und das Rad bedeckt.
Und in die Ohnmacht tief ist bleiches Mondlicht
[eingesenkt;
Bisweilen tönt der Eule Ruf, des Windes traurig Beben,
Gibt dem Skelett am Rad ein klirrend neues Leben,
Dass Schauder mein und meines Rosses Herz bedrängt.
Bin flugs dahin, wo ich des Städtchens Schatten sah,
[geflüchtet
Und frug des nächsten Tages nach dem Knochenmann.

Der alte Schankwirt wies zum Hügel hin, sodann
Gab er die bange Kunde mir, die ich berichtet.

Dann wieder führt des Lebens Bahn mich in die weite
[Welt,
Wo manch ein Wirbel mich mit Trauer tief beschwert,
Doch diese bange Mär mich stets gefangen hält,
Und mit dem jungen Lenz bin ich dahin zurückgekehrt.
Da saß ich auf dem Hügel, als die Sonne sank,
Und über mir das Rad, der Pfahl, der Knochenmann, der
[Kopf erbleicht;
Mein traurig Auge schweift' den Lenzeshorizont entlang,
Bis dahin, wo der graue Nebel hinter Berge schleicht.

Und wiederum zur späten Stund' – des ersten Mai –,
Zur Maiennacht – der Liebe Zeit:,
Der Taube Ruf sang Liebesleid,
Wo Kieferndufte weht fern herbei.
Von Liebe flüstert es im stillen Moose,
Es log sein Leid der Blütenbaum;
Der Seufzenden von Liebestraum
Die Nachtigall sang ihre Lieb' der Rose.
Im stillen, dunklen Waldeskleid
Tönt heimlich dumpfen Schmerz der See,
Vom Strand umarmt in süßem Weh,
Wie Schwester sich und Bruder liebt im Spiel der
[Kinderzeit,
Und um das Haupt hat sich ein später Schein
Gleich einem Rosenkranz gesenkt;
Er färbt das bleiche Angesicht von Bein,

Färbt auch die Haut, die unter'm Kinn herniederhängt,
Und in des Schädels Höhlung tönt die Luft
Wie eines Toten Lachen aus der Gruft.
Ein langes Haar ward da und dort getrieben,
Das durch die Zeit am weißen Schädel war verblieben;
Tautropfen unten glühn, als ob des Schädels hohle Wangen,
Gerührt von all des Maienabends Prangen,
Von kummervollen Tränen wären dicht umfangen.

So saß ich, bis des Mondes bleiches Licht
Verfärbte mein und auch des Kopfes Angesicht,
Und dessen Weiß – gleich einem Linnen – alles deckte,
Auf Tal – auf Wald – auf Berge sich erstreckte.
Bald hallt von fern des Kuckucks Ruf herbei
Durch's weite Tal, der Hunde Heulen und Gebelle
Vom fernen Hof, bald wieder ist's der Eule Schrei.
Rings weht des würz'gen Heideduftes süße Welle,
Am Bühel sind's die Nägelein, die blühn.
Im weiten Wassergrund geheimnisvolle Helle;
Und Glühwürmchen – wie Sterne ziehn –,
Sie tanzen schimmernd frohen Ringelreihn,
Dann wieder ruhn sie auf des bleichen Totenkopfs Gebein;
Wie Tränen fallen, fliegen sie dahin in Schnelle.

Zwei heiße Zähren standen auch in meiner Augen [Rand
Und spielten auf der Wange – Funken, die im See entbrannt;
Auch meine schönen Tage, meiner Kindheit Wonnen –
Sind in der Zeiten Wut entronnen,
Weit ist ihr Traum, ein Schemen, der verraucht'

Wie weißer Städte Bild in Wassertiefen eingetaucht,
Wie längst Verstorbener verflüchtigte Gedanken,
Wie ihre Namen, wie vergangner Schlachten Dröhnen,
Wie Nordlicht längst erstorben, Schimmer, die versanken,
Zerschlagner Harfe Klang, gebrochner Saiten Tönen,
Vergangner Zeiten Mär, verblichnen Sternes Spielen,
Verloschnen Irrlichts Wandern, toten Liebchens Fühlen,
Der Ewigkeit versunknes Sein, wie Gräber, die verfielen,
Verloschner Flamme Rauch, geschmolzner Glocke
[Sturmgeläut.
Gestorbnen Schwanes Sang, der Menschheit Eden, das
Sind meiner Kindheit Tage. [verblüht,
Aber meine Jugendzeit,
Das Jetzt und Heut – ist Mai wie dieses Lied.
Ein Maienabend in der Felsen ödem Rund,
Im Herzen tiefes Leid, ein leises Lächeln um den Mund.

Siehst du den Pilger, der durch weites Wiesenland
Zum Ziele strebt, eh noch das Feuer ausgebrannt?
Den Pilger wird dein Auge nimmermehr erspähn,
Wie er dort schwindet hinter ferner Felsenwand,
Ach, nie und nimmer: Diesen Weg werd' ich nun gehn.
Wer lindert solchen Herzens Pein?
Unendlich ist die Lieb'! Betrogen ist die Liebe mein.

Zur späten Stund' – des ersten Mai –
Zur Maiennacht – der Liebe Zeit –
Der Taube Ruf singt Liebesleid:
Singt »Hynek! – Wilhelm!! – Jarmila!!!«

Des Dichters eigene Erläuterungen zu dem Poem

Zu Intermezzo I:
»Der hier zuletzt zu Grab gelegt, muss halten Wacht« etc.

»Es war spät am Abend, als ich zur Beerdigung eines meiner Freunde auf dem Altstädter Friedhof (in Prag) war. Der Totengräber sagte, als er den ins Grab gesenkten Sarg mit Erde bedeckte: ›Heute werden sie keinen mehr herbeifahren. Er kann heute die Wacht halten.‹ Als ich ihn zur Rede stellte, erhielt ich folgende Antwort:

> Es gibt im einfachen Volk den Glauben, dass der letzte auf einem bestimmten Friedhof Begrabene die Nacht über die Friedhofswacht halten müsse, und zwar jede Nacht, solange bis dort wieder ein Anderer begraben liegt, der dann an seine Stelle tritt. So ist kein Friedhof jemals ohne Wächter, und es kann geschehen, dass in dem Friedhof einer kleinen Gemeinde ein Toter mehrere Jahre die Wache hält.«

Máchas für den Zensor bestimmte Information über den Inhalt des Poems:

»Das Hauptziel des nachfolgenden Gedichts ist es, die Schönheiten der Natur im Mai zu preisen; um dies Ziel zu erreichen, wird die Maienzeit der Natur den verschiedenen Zeiten des menschlichen Lebens gegenübergestellt. So steht in der ersten Nummer die stille, erhabene etc. Liebe in der Natur gegenüber der wilden, leidenschaftlichen, ungezügelten Liebe des Menschen; andere Eigenschaften der Natur im Mai sind den ähnlichen Zeiten des Menschenlebens in den übrigen Nummern gegenübergestellt. Die Geschichte also oder die Handlung des Gedichts darf nicht als Hauptsache angesehen werden, sondern es ist davon nur so viel in das Gedicht aufgenommen, wie die Erlangung der Hauptabsicht unbedingt erforderte. Die Handlung vollzieht sich bei der Stadt Hirschberg zwischen den Bergen, auf denen die Burgen Bösig (Bezděz), Bernstein, Houska und in der Ferne Roll im Osten, Westen, zu Mitternacht und am Mittag erscheinen. – Was die übrigen Ziele betrifft, wie die sententia moralis, so sind sie aus dem Kontext leichter zu verstehen.«

Acht Sonette

I

Eine Eibe sacht auf Rosen Schatten legt
In der Kreuze kranzbehängtem Meer.
Süßer Laut! Komm zu mir her!!
Ist's die Nachtigall, die lieblich schlägt? –

Ach! So süßen Ton sie nicht erregt;
Wer die Stimme hört, der wandelt schwer.
Sehnsucht drängt zur Rose mehr und mehr –
Liebesglut, die keine Hoffnung hegt!

Ist es Schmerz, ist's Wonne, die mein Herz erfuhr?
Im Azur von Rosen, Sterne: tönt!
Die mit Rosen reich bekränzte Luna,

Ist sie's, und die Rose schlummert nur? –
Schläft sie gar, derweil die Rose brennt? –
»Rose brennt!« Die Rose nur? – Iduna!

2

Im Herzensgrund, wo find ich die Gebärden,
Dass ich ihm bringe meine Bitte sacht? –
Vor mir ist Nacht, und hinter mir ist Nacht,
Dem bleichen Tag will bald sein Ende werden! –

Wie eine Schwanenschar sich senkt zur Erden
Die Wolken schwimmen vor der dunklen Nacht!
»O Herr, o Herr, o Herr! Es ist vollbracht!!
Bleib du bei mir, denn es will Abend werden!!!«

Vergebens! – Meine Stimme rührt ihn nicht. –
Jemandes Hand hat vor den matten Blick
Mir immer der Verzweiflung Kelch gestellt. –

Ich lang nach ihm – er netzt mein Angesicht,
Er drängt das Schwarz in meinen Geist zurück! –
Wie kalt ist's in des Dunkels hohler Welt!

3

»Der Mai ist da! Des Mannes trauriges Geschick!
Weshalb deckt Blässe noch dein Angesicht?
Ins Grüne zieh – das goldne Sonnenlicht
Bringt Rosen und bringt Frieden dir zurück!«

Ich geh der Sonne zu! Auf bunter Heid
Gen West entflammte ihre helle Glut;
Flämmt auch mein Antlitz mit der Strahlen Blut,
Bekränzt mit junger Rosen Herrlichkeit.

Vom Staub zur Sonne heb ich meine Hände;
Der Föhren Rauschen, Nachtigallenschlagen,
Zu ihr steigt all mein Sehnen und mein Klagen –

So nah den Sinnen schien der Leiden Ende!
Die Sonne sank! – Es schwoll des Dunkels See,
Da ward mein Angesicht so bleich wie eh.

4

Noch ist meine Kraft im Kampf mit dir
Nicht erschlafft, du wilde Sturmesbraut;
Doch die Pein im Herzensgrund gestaut
Weckte bange, zwiefache Begier:

Erstens, dass in junger Lenzeszier
Rose spare ihre Reize traut,
Stech' als Dornenkranz nicht meine Haut:
Zierde sei dem stillen Sarge mir!

Weiter fülle sich das gleiche Sehnen:
Hier des jungen Maien helle Zähre,
Dort der Nachtigallen süßes Tönen.

Luna leite durch die stille Nacht hinab
Heimwärts in dem großen Sternenheere,
Netzte nur das Moos auf meinem Grab!

5

Noch einmal führst du mich Trunknen in den Hain
Meiner Jugendzeit, o goldne Sonne,
In das heilge Reich der Traumeswonne,
Wo ich schweifte, spielte frohen Kinderreihn!

Tot ist's rings – nur endlose Verlassenheit.
Sind der Kindheit Blüten ganz vergangen?
»Ohne Sonne wird mir keine Blüte prangen;
Sank die Sonne, herrscht der Nacht Unendlichkeit.«

Bitter wein' ich: Ach weshalb mir Blinden,
Da mir kaum dein mattes Bild geschehn,
Musste deine Sonnenglut entschwinden!!?

»Schwinden!!« hör das Echo ich verwehn.
Schon das Dunkel weitet sich mit Macht.
Blumen wollt ich – Tränen gab die Nacht.

6

Ich schweige: eine Harfe ohne Saiten,
Die in der Väter Grabeszelle schwingt.
Ich schweig'. – Wie weltenferner Schimmer blinkt,
Sich auf die Nacht des Mondes Strahlen breiten.

Was birgt die Harfe in dem leeren Schoß?
Wer kündet mir den Kummer, der sie quälte,
Wer weiß die Schmerzen, Leiden, wer erzählte,
Was nur die Nacht in ihren Schatten schloss?

Ein Hauch streicht durch der Harfe leere Höhle,
Und sie, die längst schon keine Saiten trägt,
Verströmt in Melodieen ihre Seele. –

Die stille Nacht? – Die Augen kummerschwer? –
Die weiten Fluren eine Träne deckt!
Ist's keine Träne? – Ist es Tau vielmehr? –

7

Hinter blauen Bergen sank der Sonne Glut,
Letztes Leuchten in den fernen Wolken webt;
Zarter Windhauch durch den Wald herüberstrebt,
Traum umarmt des Nachtgeflügels leichte Brut;

In der Dämmrung ferner Höfe Schatten ruht,
Ist, wie diese Welt in ewgem Dunkel schwebt –
So es schien, denn bald sich prangend Luna hebt,
Alles Sein sie taucht in ihres Lichtes Flut.

Sterne schimmern in dem goldenen Talar,
Auf dem hohen Thron am dunklen Firmament;
Schreitend vor der Fürstin, Luna, ihre Schar

Sah mich ruhn auf überwachs'nem Sarkophag; –
Kummer tief in meinem Herzen brennt,
Sehnsucht war's nach meinem längst vergang'nen Tag.

8

Durch die Welt zu ziehn, das ist des Sängers Los.
Wo er ist, ist Heimat, heimatlicher Sang,
Rosen sieht er blühn in bunter Auen Schoß,
Schmückt mit ihnen seiner Harfe Zauberklang.

Nicht wird ihn die geile Welt bezwingen!
Seine Taten sind von Gottes Licht gesandt
In die Welt, um Dunkel zu durchdringen,
Zu besiegen ihre frevlerische Hand.

Freud und Leid, der Welt geheime Harmonie
Kündet sein Gesang in trauter Melodie.
Auf der Pilgerschaft mit meines Liedes Macht

Öffne ich vergang'ne, künftge Zeiten,
Und was schlummert in der Herzen tiefer Nacht,
Ruft ans Licht der zarte Sang der Saiten.

Lieder im Volkston

I

Am Feld ein Eichbaum sich erhebt,
Liguster hat da seine Blüten aufgetan.
Wo deine Sehnsucht über Berge höherstrebt,
Da steigt ein grauer Tauber himmelan.

Er sucht den Hain, wo Ruhe wohnt,
Der wilden Vögel Schrei nicht gellt,
Den Lenz, der da für immer thront,
Und wo des Jägers Pfeil nicht schnellt.

So sucht der Jüngling auch die Ruh,
Erstürmt die sturmgepeitschen Wellen,
Vergebens hoffend immerzu,
Es werde sich der Horizont erhellen.

Umsonst die Hoffnung. Stets vergebens
Sind mit ihm Leid und Schmerzen:
Den Grund des Leides seines Lebens
Er trägt in seinem eignen Herzen.

Die Ruhe ist zu keiner Zeit zur Stelle,
In diesem Tal ist dir nur Sturm beschieden.
Am Grabe ist des Glückes Schwelle.
In Gott nur ist der wahre Frieden.

2

Nicht der Schwan und nicht der Mond
Pflügt die Wolken hoch dort droben;
Nur ein kleines Kirchlein thront
Auf den hohen Berg erhoben.

Auf den Berg, den steilen Weg hinan,
Hat ein Mägdlein sich geschwungen,
Kniete nieder an der Schwelle dann,
Hat die Hände weinend dort gerungen.

Nicht um mich hat dieses Kind geklagt:
Ich bin's nicht, den es begehrt.
Gib ihr, Jungfrau, reine Magd,
Den, der ihrem Herzen ganz gehört.

3

Vom tiefen Walde her des Kuckucks Ruf –
Der Kuckuck schreit und klagt
Wohl unter Karlstein:
Karlstein, du, o feste Burg,
Verwaisten Ritters Monument,
Du Ruhmesschatten, Ehrengrab,
Wie öd stehst du und leer!
O Karlstein! Karlstein! nimmermehr!

4

Weht der Wind so eisig
  Über dichte, dunkle Wälder,
Weht das welke Laub und Reisig
  Über öde Stoppelfelder.

Traurig hat zum Ende
  Aus der Fern ein Kuckucksruf geklagt,
Voller Weh hat im Gelände
  Da ein Mädchen seinen Schmerz gesagt.

»Ich muss meinen Kranz nun missen!
  Wo soll ich ihn wiederfinden?
Sturm hat mir den Strauß entrissen:
  Wo soll ich mir einen neuen binden?

Dort an meiner Schwester Grab
  Ist der Schatten noch nicht ganz entschwunden.
Ich geh hin und steig hinab,
  Hab von Rosmarin mir einen Kranz gebunden.«

5

Klagt ein Jünglimg in dem Waldesdunkel;
Finster ist die Nacht hier, ohne Mondenschein,
Traurig ohne all die Blüten,
Leer das Leben ohne Liebste! –
In der weiten Welt – allein –allein –
Ganz allein – gehab dich wohl! –
Ging die Sonne hin – die Nacht versank,
Schwarze Nacht – ich möchte schlafen.
Auf dem weiten Feld ein Eichbaum steht
Drunter duftet Wiesenblühn,
Ist von gelb Getreide überwachsen,
Schnitter kommen, mähn das Korn,
Ruhen auf dem Weidengrün.
Ruh auch du dich aus,
Ruh ein kleines Weilchen nur,
Fliegt verspätet da ein Kreuzschnabel hinauf,
Singt ein launig Lied daher:
»Nein! Er ist nicht mehr – nicht mehr!«

6

In des Haines grünem Moos
  Meine Liebste, auf dem Weg der Föhren,
  Sammelt keine roten Beeren
In den weißen Schoß.

Nein! Es blühte eine Rose auf.
  An dem Rand des Kiefernhaines,
  Flog nur eine Taube weißen Scheines
Auf den andern Baum hinauf.

Dieser Forst hat nicht umarmt die Maid,
  Auf dem Feld, am Waldesrand,
  Wo sie sich ein ebnes Fleckchen fand,
Liegt ihr Ruhebett bereit.

7

Es breitete die kalte Nacht
Ihr sternenloses Linnen auf die Wälder.
Ein rauher Wind hat alles zugemacht,
Und auf die alten Eichen, auf die Felder
Sich breiten stille, dunkle Zähren.
Die Tiere haben sich verborgen in den Höhlen,
Wo sie in Grotten Sicherheit begehren.
Zwei Geier nur, die ihren Schutz verfehlen,
Bei einer schwarzen Tanne haben ihn gefunden,
Wo sie begierig auf die Beute lauern.
Am Waldesrand zwei Vagabunden,
Ein junger Bursch, ein grauer Mann erschauern:
»Was blinkt so weiß«, der Jüngling spricht,
»Was blinkt so weiß am Weg nach dannen?
Hat sich verirrt des Mondes Licht
Durch diesen dunklen Forst der Tannen,
Wacht da so früh ein Schwan,
Kommt da aus fernem Vaterland
Ein Freund zu dir auf ferner Bahn,
Das Liebchen gar vom Heimatland?«
Es hat den Jüngling eiseskalt umfangen.
So hat er dieses Wort gesprochen:
»Der Mond ist längst zur Ruh gegangen,
Die Schwäne sind schon aufgebrochen,
Sind längst zur Ruh geflogen.
Der Freund, die Heimat sind nicht mehr,

Das Liebchen ist ins Jenseits fortgezogen,
Zur Heimat wurde mir der Bäume dunkles Meer,
Zum Freund ward mir das Schwert von Stahl gemacht,
Zur Allerliebsten wurde mir die finstre Nacht.

8

»Dieses Feld und dieser Hain
  Hat mit Dornen sich umringt,
Weil die Allerliebste mein
  Ihre Zeit mit Anderen verbringt.

Leb denn wohl, fürwahr,
  Rappe du, und bleib gesund!
Lebt denn wohl, ihr Falkenpaar!
  Leb auch wohl, mein Hund!

Beide Falken, euer zwei,
  Früh am Morgen in die Fern
Fliegt davon, dort seid ihr frei!
  Seid dann ohne Herrn!

Lauf allein, du, in den Wald!
  Du, mein Ross, ob nah, ob weit!
Du, mein Hund, such einen Herrn dir bald,
  Ob am Morgen oder in der Abendzeit!

Geh von Tor zu Tor, such dir den Herrn,
  Ob bei Abendrot, bei Morgenlicht,
Geh von Hof zu Hof, ob nah, ob fern!
  Such den Andern dir, bei mir bleib nicht!

Ich werd in die Ferne streben,
In die weite Welt hinaus,
Will in fremden Landen leben,
Drei der Jahre, fern von diesem Haus.

Drei der Jahre ohne Bande
Meiner neuen Lebenszeit,
Will ich sein im fremden Lande,
Leb ich dort und bleibe weit.«

Dieses hat die Maid gar wohl gehört,
Hat darüber sehr geweint.
Doch der Jüngling hat sich abgekehrt,
Hat ihr zu vergeben nicht gemeint.

9

Unter einer alten Burg zur Abendzeit
Ruft ein Kuckuck von dem Buchenbaum.
»Gib mir, Lieber, deine kühne Hand,
Gib sie mir, o gib sie beide;
Könnte sein, vielleicht, ich scheide,
Und der andre Vogel ruft gar kummervoll
Von der Buche aus der Ferne,
Ruft von unsrem Grabe, ruft die Sterne.

10

Auf der Wiese Gänse weiden.
  Dort auch weiden schöne Maiden;
Fliegt ein Falke – graue Gänse flogen,
  Sind nach allen Seiten fortgezogen.

Eine große Gans, die von den Grauen,
  Fliegt hinauf, herabzuschauen,
Eine von den Maiden auf dem Land
  Hat ihr ihre Blicke nachgesandt,

»Gans, o Gans, du für mich schaue
  Rings dich um, auf Wald und Aue,
Auf das Lager rings umher,
  Ist mein Junge dort, den lieb ich sehr?«

»Auf der Wiese ist ein weißer Stein,
  Dort ein Bächlein fließt hinab;
Auf dem Lager, ganz allein,
  Liegt dein Liebster tot, dein Knab!«

II

In der Früh, bei Morgengrauen,
  Flog von mir, O Graus!
Flog von mir ein Turteltäubchen
  Weit ins Feld hinaus!

Mädchen mein, aus deinen Quellen
  Hat es sich beseelt,
Du hast ihr das Netz zerrissen,
  Es gefangen und gequält.

Deine Turteltaube, die da rief,
  Hat es angelockt;
Hat den süßen Leckerbissen,
  In der Falle festgezockt.

»Nicht hab ich die Quelle
  Noch die Leckerbissen,
Noch verräterische Tauben
  Oder Täubchen, die sie küssen.«

Deine blauen Äuglein,
  Sind die Quellen; sind der Grund,
Und die süßen Leckerbissen
  Sind dein himbeerroter Mund.

Sieh, das Turteltäubchen, das da ruft,
  Es sind deines Mundes Silberklänge;
Und das Netz, das mich gefangen,
  Sind nur deines Goldhaars Fänge.

12

Eine Rebhuhnschaar in Angst
  Hat einen Wacholder überflogen:
Dies verkündet einen Schuss.
  Ja mein Liebster spannt den Bogen.

Aufgeschreckt zum Waldesrand
  Eine Ricke ist geflüchtet.
Eine Maid am Holderbusch
  Hat da eine Unruhe gesichtet.

Wie der Holderbusch sich regt,
  Wurde ihre Hand verwundet.
Das hat sie ins Herz getroffen,
  Hat mit Blut und Tränen es bekundet.

Holderbüsche tragen manches Jahr
  Ihre Blüten in den Zweigen,
In dem Jahr darauf die Körner wachsen,
  Und im dritten sich die Körner zeigen.

Sind die Samen reif geworden,
  Fallen alle auf die Erde.
Eines dieser Körner fällt so tief,
  Dass es nie ein Holder werde.

Dieses Mädchens Tränen netzen es mit Tau,
  Der Wacholder aber, wo er sprießt,
Mit der Liebsten an dem Waldesrand
  Nie und nimmer sich begrüßt.

13

Taute nicht der Schnee
Auf der felsigen Stirn?
Der Schnee ist weggetaut –
Oder sind es Schwäne,
Weiße Schwäne?
Sie ruhen dort
An der felsigen Wand
In den grünen Matten,
Die lieblich duften
Im abendlichen Gefild.
»Wo seid ihr, ihr weißen Schwäne,
Hierher gezogen? –
Von der Seite des Sonnenaufgangs
Auf rosenfarbigem Himmel
Durch das goldgefärbte Tor,
Oder seid ihr an des Unterganges Seite
Gegen die Sonne geflogen?«
»Nein, wir kommen von Mitternacht
Aus kaltem Gelände
Und ziehn gen Mittag
In das Land des ewigen Maien,
Dem keiner gleicht,
Keiner auf der weiten Welt;
Die schönsten Blüten
Blühn nur dort!«
»Ihr weißen Schwäne,
Bleibt nur hier! –

Über alle Lande erhaben
Ist nur das Unsere;
Über allem Blühn
Stehet nur die Liebste mein.«

14

Löschten die verblassten Sternlein,
Die verweinten Äuglein gingen zu,
  Morgen, wenn die Dämmrung steigt,
Ist ein Tag in Trauer, weh, ein Trauertag!
Wo die Sonne nicht sich hinter Wolken zeigt
  Und das Mädchen gar nicht lächeln mag.

Wie das Sönnchen hinter Berge sank,
Mit ihm ging mein Liebster weg von mir.
  Komm, ach komm und eile sehr!
Er ging hin in Tälern und am Bergespfad.
Weit er ging, weit übers Meer,
  Flink mit einem Schiff, gerad!

Sicher kämst du bald zurück zu mir,
Wenn du ahntest meine Lieb'
  Und du wüsstest all mein Herzeleid,
Das dir sagt und sagt der Sternenschar:
Hier blühn Tränen auf der Heid,
  Reifen zu der Frucht, die bei uns war.

15

»Lärchenbäume in der Jugendzeit,
Warum steht ihr klagend da? –
Braust Gewitter, hoch und tief,
Dieser Hain, der einst uns hat behütet,
Abgeholzt liegt er vor uns;
Sturm zerschmettert unsre Zweige;
Bergwind treibt sie all' zusammen,
Hat den Grund herum zerrissen.«
In der kalten Nacht ist Mondenschein,
Weiße, kleine Höfe leuchten auf;
Hingestreut auf grünen Rasen,
Darin liegt ein Hügelchen,
Darauf steht ein Holzbirnbaum,
Darauf war ein Brüderpaar gesessen,
Und der Junge schwatzt zum Andern,
Nebenan liegt eine Harfe,
Der Ält're mit dem Finger streift darüber,
Sodann seufzt er von der stillen Nacht:
»Schwer ist's Vögeln fern vom Nest,
Traurig ist's dem Kuckuckskind so fern der Mutter,
Noch viel trauriger den Kindern ohne Eltern,
Härter noch ist's fern der Heimat.«

16

»Roll hinweg, o Moldau, wilder Fluss,
Lauerst du in Sturm und dunkler Nacht?
Meine Seufzer nimm, nimm den Verdruss!
Bist von meinem Schmerz du aufgewacht?«

Unter Vorlik Felspartien sich türmen.
Drunter blühen Wiesen hoch hinauf.
Könnte nur die Flut in ihrem Stürmen
Stille stehn und ihrem schnellen Lauf.

»Ganz umsonst, o Fluss, ist dein Verlangen,
Eitel klingt es in der Dunkelheit:
Deine Woge wird vom Meer empfangen,
Nicht genießest du dies Blütenkleid.«

»Ganz vergebens ist doch auch dein Stöhnen;
Diese Gründe, die du hier begehrst
Und verlangst in eitlem Sehnen,
Schwinden, eh du sie erfährst.«

»Ja, sie schwanden – diese lieben Zeiten!
Als ich lebte meinen jungen Tag,
Wo sich Želetiner Wälder breiten –
Wo, süß träumend, ich im Schlummer lag.«

17

Die Želetiner Haine,
   Sie schaffen blaue Töne,
Und in dem blauen Scheine
   Ein Rehlein schmückt die Szene.

Kommt die weiße Ricke,
   Mehr als ihre Schar,
Da herüber von der Brücke,
   Wo der Schatten ihrer Wohnung war?

Von dem Prag der hundert Türme.
   Von der Stadt sie trennt
Wildes Brausen vieler Stürme,
   Eine Felswand und ein Firmament;

Aber meine flinken Beine
   Eilen nach der andern Seite,
Wo vom Želetiner Haine
   Diese Ricke leise Schatten streute.

Sterne senden ihre goldnen Blitze,
   Und der Mond ging auf mit seinem Licht:
Doch die Strahlen aller weißen Kitze
   Übertreffen dieses Eine nicht.

So ich sehne mich danach und bitte,
   Dass dies Rehlein meines wäre;
War's geschehn, dass meine Schritte
   Sie so schreckten, dass es ihre Ruhe störe?

»Ricke, meine weiße Ricke!
 Hör auf meinen guten Rat:
Lass die Haine, lass die Brücke,
 Komm zu mir in meine Stadt!«

Floh das Rehlein von der Brücke
 Weit zurück zu Wald und Flur;
Zeit des Lebens liebt die Ricke
 Ihren Hauch der Freiheit, der Natur.

Ihretwegen hab vor Sorgen
 Bittre Tränen ich geweint,
Bin ich ungetröstet schon am Morgen,
 Und ich klage, wie die Sonne scheint.

Außer der Reihe

Serenade

Schlaf, du liebstes Mägdelein,
Träume einen stillen, holden Traum,
Schlaf, und in den weißen Sonnenschein
Wecke dich des rosenfarbnen Morgens Saum.
Möge dir dein Schlaf verhüllen,
Was dein Engel mir bestimmt.
Also hoffe ich im Stillen,
Dass er all mein Sehnen von mir nimmt:
Schon der Vogelsang mir leiser schwingt.
»Gute Nacht!«, der Wald mir singt.
Schon führt Luna das Gestirn des Maien
In des Lenzesabends Schatten ein,
Um ihr dunkles Flüstern uns zu weihen,
Zog jedoch nur mich an sich, nur mich allein:
Nicht erhellte Lunas Macht
Meines Lagers dunkle Wacht!
Mädchen! Mädchen! Gute Nacht!

Die Taube
(Fragment)

Sieh, was in dem grünen Haine
Im Waldesschatten weiß erglänzt!
Ist es, dass im Walde
Meine Liebste unterm Eichenbaum
Längs des Baches Beeren suchen geht
Und mit einem weißen Tüchlein weht?

Nachwort des Übersetzers

Karel Hynek Mácha – ein Nationaldichter für die Nachwelt

Dass der frühverstorbene Dichter Karel Hynek Mácha (1810–36) in seiner tschechischen Heimat zu Lebzeiten einen schweren Stand hatte, war nicht die Folge eines zu geringen dichterischen Talents, sondern einer unzeitgemäßen Einwirkung geschichtlicher Wechselfälle auf sein Leben. Das Erscheinen seiner Gedichte, Prosa und seines poetischen Hauptwerks *Máj* fiel in die frühen Jahrzehnte des 19. Jahrhunderts, in denen die Tschechen sich bewusst machten, dass sie ein selbständiges europäisches Kulturvolk seien, das sich berufen fühlte, im internationalen Rahmen beachtet zu werden: Es war die Zeit, die in der tschechischen Geschichte ›Nationale Wiedergeburt‹ bzw. ›Erneuerung‹ genannt wird, oder anders ausgedrückt: die Geburtsstunde des neuzeitlichen tschechischen Nationalismus.

Als Sohn eines Prager Müllergehilfen hatte Mácha, ein Slavenfreund und tschechischer Patriot, nur deutsche Schulen besucht, darunter das Prager Neustädter Gymnasium ›Am Graben‹, das später, in der Stephansgasse, auch Rainer Maria Rilke, Franz Werfel, Max Brod, Willy Haas, Gustav Mahler und – noch später – der Schreiber dieser Zeilen besuchten. (Das Neustädter Gymnasium galt gegenüber dem von Franz Kafka besuchten exklusiven Gymnasium im Palais Kinsky am Altstädter Ring, dem ›Deutschen Staatsgymnasium in Prag Altstadt‹, als zweitrangig.)

Tschechische Schulen gab es zu Zeiten Máchas in Prag noch nicht. Hierzu sei, als Schlaglicht, ein Zitat aus *Der Sammler*, einer Wiener Zeitschrift aus dem Jahre 1822 angeführt, das unter dem Titel »Notizen. Theater in Prag« erschien:

> In keiner Stadt teutscher Zunge wird wohl mehr von der Bühne gesprochen, als in Prag, was einestheils leicht erklärlich wäre, da Böhmens Hauptstadt eine der stillsten Städte ist, und das Theater eigentlich den Haupttheil der öffentlichen Unterhaltung ausmacht. [...] Es wird verwunderlich, wenn man das oft so leere Haus mit der Volksmenge (Prag hat 80.000 Einwohner und nur Ein Theater) mit diesem großen Interesse vergleicht.

Dass Prag heute keine Stadt »teutscher Zunge« mehr ist, liegt an den bekannten Vorfällen der Geschichte. Die einst deutsche Mehrheit in Prag wurde in den 60er Jahren des 19. Jahrhunderts von einer tschechischen abgelöst, was nicht nur durch das Erstarken der tschechischen Nationalbewegung bewirkt wurde, sondern auch durch eine höhere Geburten- und Zuzugsrate bei den Tschechen, von denen es so viele gab, dass ein großer Teil darüberhinaus nach Wien, in die Hauptstadt der Österreichisch-Ungarischen Monarchie, auswanderte, wo er wiederum germanisiert bzw. ›austrisiert‹ wurde.

Die Rolle Prags für die deutsche Sprache und Kultur haben wir damit bei Weitem nicht erschöpft: Dass wir heute, nach vielen (selbstverschuldeten) Katastrophen der Geschichte, als Deutsche noch die eine Literatursprache haben, verdanken wir dem ›Prager Kanzleideutsch‹ der Hofkanzlei Karls IV., der von Prag aus zwischen 1346 und 1378 das ›Heilige Römische Reich deutscher Nation‹ regierte und, als Przemyslide (als Nachkomme des legendären Pflügers Przemysl, des Gründers des Herzogtums Böhmen im 9. Jahrhundert) mit tschechischer Muttersprache und von väterlicher Seite ein Luxemburger (deutschsprachig), aus den vielen deutschen Dialekten eine vereinheitlichte, gemeinverständliche, gehobene deutsche Umgangs- und Schriftsprache sich entwickeln sah. Diese gehobene Sprache hat sich durch Martin Luthers Bibelübersetzung durchgesetzt und bis heute gehalten. Und in diese modernisierte Sprache hat hier nun einer der letzten überlebenden zweisprachig erzogenen Prager Deutschen das tschechische Meisterwerk des *Máj* in deutsche Verse übertragen.

In Prag gab es zu Máchas Zeiten eine Tschechisch sprechende Unterschicht, die sich auch bemühte, kulturell aktiv zu werden. Die offizielle Kommunikation, z.B. auch des Prager Musiklebens, das auch Mozart besonders schätzte, fand aber meist in deutscher Sprache statt. Das oben erwähnte Theater war das von Lessing bei seinem Besuch in Prag angeregte ›Deutsche Nationaltheater‹, das, wie Johanna von Herzogenberg berichtet, der Reichsgraf von Nostitz sich zu errichten erboten hatte, der aber in Geldschwierigkeiten geriet und von den Ständen des Landes finanziell unterstützt werden musste, weshalb deren

Familien bis zum Ende des Prager Deutschtums 1945 dort ihre freien Erblogen hatten. Heute heißt das Ständetheater ›Tylovo Divadlo‹ (Tyl-Theater, nach Josef Kajetan Tyl, dem Dichter der tschechischen Nationalhymne, der auch zum Freundeskreis Máchas gehörte).

Mácha beteiligte sich an den Anfängen des tschechischen Kulturlebens: Er wirkte als Schauspieler in einem tschechischen Laientheater mit. Was die Literatur betrifft, so übte er sich in Prag im Schreiben und ›Deklamieren‹ deutscher Gedichte und besuchte regelmäßig eine Sonntagsveranstaltung des Prager Professors für klassische Philologie Alois Klar, in der das Rezitieren und Schreiben von (deutschen) Gedichten geübt wurde. Eine Anthologie, die Klar 1822 zu diesem Kurs herausgab, enthält vorwiegend Poesie der Vorklassik (z.B. Klopstock bis Matthisson, Gellert usw., ganz vereinzelt sind dort Goethe und Schiller vertreten, neben Grillparzer, Uhland, Körner etc.). In dieser Umgebung schrieb der Jurastudent Mácha auch deutsche Verse, die in ihrer Urschrift den Titel *Versuche des Ignaz Macha* tragen (Hynek ist die tschechische Form des Namens Ignaz – Ignatius). Sie reflektieren vorwiegend die Zeit der Frühklassik, doch auch den Umstand, dass Mácha zwar Deutsch als Verkehrssprache beherrschte, aber nicht ganz als Sprache der Dichtung. Darauf hat Pavel Eisner in seiner Analyse aus dem Jahre 1950 und in seinem Versuch, die deutschen Gedichte ins Tschechische zu übertragen, hingewiesen. Im Übrigen handelt es sich dabei um schulmeisterhaft brave Poesie, die uns heute nicht mehr bewegen würde.

Der große Inspirations-Schub kam bei Mácha erst bei seiner Begegnung mit der Romantik Byron'scher Prägung, die ihn wiederum nicht direkt, sondern auf dem Umweg über die polnischen Romantiker wie Mickiewicz und Slowacki erreichte, obwohl Mickiewicz mit seinem Epos *Pan Tadeusz* (1834) sich bereits aus der kulminierenden Romantik verabschiedet hatte. In diesem Werk mokiert sich Mickiewicz in der Gestalt des Grafen über die Vertreter der extremen Richtung, die »Zerrissenen«, über die exzentrische: »frenetische Romantik«, als deren Vertreter Máchas Freund Josef Kajetán Tyl diesen selbst bezeichnete, obwohl er als einer der wenigen tschechischen Landsleute Máchas Begabung schon erkannt hatte. (Mácha hatte, aus Sympathie mit den unterdrückten Polen, unter dem Eindruck des Novemberaufstands von 1830, Polnisch gelernt).

Als reinblütiger Romantiker ist er auch der einzige tschechische Vertreter dieser Richtung, der einzige (prominente) Feuergeist geblieben, was gut mit dem Bericht über sein Lebensende zusammenpasst. Mit einem Zitat aus meiner *Geschichte der tschechischen Literatur* (1996, Bd. II, S. 7):

> Beim Löschen eines Brandes mehrerer Scheunen in der Umgebung von Leitmeritz an der Elbe (heute Litoměřice), bei dem er sich mit Wasser überschüttete, um nicht selbst in Brand zu geraten, und unsauberes Wasser trank, holte er sich eine schwere Darminfektion, die sich wegen unsachgemäßer Behandlung so verschlimmerte, dass er an ihren Folgen am 6. November 1836 verstarb.

Dies geschah übrigens an dem Tag, an dem der *Amanuensis*, d.i. Rechtsanwaltsgehilfe, Mácha mit seiner Verlobten Lori Šomková vor den Traualtar hatte treten sollen. Máchas sterbliche Überreste wurden 1938 von Mitgliedern des tschechischen Schriftstellerverbandes auf den National-Friedhof der älteren Prager Burg Vyšehrad überführt.

Dies bringt uns zu unserer anfänglichen Bemerkung über die Wirkung von Máchas Poem und seinem Schaffen überhaupt zurück. Bei den Deutsch-Böhmen (so hießen die Sudetendeutschen noch im 19. und frühen 20. Jahrhundert – neben den Deutschmährern und Deutschschlesiern), die ihn ins Deutsche übersetzten, z.B. Siegfried Kapper (1844), Alfred Waldau (1862) und Karl Müller (1882), war seine Bedeutung schon früh erkannt worden, was auch bei Pavel Vašák (s.u.) mit neuem Material gewürdigt wird. Bei den Tschechen aber wurde Mácha erst in den 50er Jahren des 19. Jahrhunderts zum unbestrittenen Nationaldichter, der er bis heute geblieben ist. In dieser Zeit bildete sich eine Dichterschule, die sich nach ihrem ersten Almanach *Máj* die ›Májisten‹ nannte, nun keine Romantiker mehr, sondern landesbezogene Realisten. Als Wortkünstler wurde Mácha nun nicht nur hochgeschätzt, wie anderwärts Dichter ›geschätzt‹ werden: Er wurde von seinem Volke über alles geliebt. Ja, es kam der Gedanke auf, sein kurzes Erdendasein sei nur ein Besuch aus dem Jenseits gewesen, mit dem seinem Volk nach seinem Erwachen ein reiches Geschenk gemacht werden sollte.

Es ist ein bemerkenswerter Umstand, dass wir es in der Fabel des Poems mit vier Todesfällen in der Sequenz zu tun haben, die mit Wilhelms Vater, dem Monster im Hintergrund, beginnt, mit Jarmila fortgesetzt wird, die von der bevorstehenden Hinrichtung ihres Geliebten erfährt und sich ins Wasser stürzt, mit Wilhelm kulminiert und schließlich mit dem Dichter selber endet. (Drei Todesfälle werden von einem Herold kundgetan.) Am Schluss seines Poems hat Mácha sein eigenes Ende prophezeit. War dies eine romantische Pose, oder war es, wie von verschiedenen Analysten angenommen wird, das Wissen um eine gesundheitliche Schwäche, die sich bei ihm des Öfteren angekündigt hatte? Aufgrund der Sonette, die wir hier präsentieren und die im Jahre 1833 entstanden sind, wird man vielleicht zur ersten Lösung neigen. Aufgrund der spärlichen Überlieferung – es gibt ja nicht einmal ein authentisches zeitgenössisches Porträt des Dichters – wird sich dies nicht lösen lassen. Wir stehen jedoch vor einem Kunstwerk, das unabhänging von seinem Wortsinn zu einem geradezu musikalischen Opus in Worten transzendiert, mit Leitmotiv, Durchführung, Reprise und Finale, und erst in seiner Gesamtheit seine volle Wirkung erzielt.

Was Mácha aber in seinem Hauptwerk von der Generation zeitgenössischer tschechischer Dichter noch mehr unterscheidet, ist die Abwesenheit nationalistischer Töne im Sinne der schon zitierten nationalen Wiedergeburt. Das Poem ist zwar erfüllt von Beschreibungen der Landschaft Caspar David Friedrichs, der mit erloschenen Vulkanen bedeckten Landschaft von Máchas Lieblingsgegend um den Hirschberger See in Nordböhmen, der heute den Namen ›Mácha-See‹ (›Máchovo Jezero‹) trägt und ein viel besuchter Ort geworden ist; aber hier geht es nicht um die tschechische Nation, sondern die beseelten Naturschönheiten seiner näheren Heimat. Es ist, als habe Mácha nach Fertigstellung des Gedichts und seiner Lektüre des Textes verblüfft das Fehlen jeder Anspielung auf sein Volk und seine tschechische Heimat festgestellt, als habe er den heimwehkranken Mickiewicz nachgeahmt, der sein Nationalepos mit Beschreibungen der Naturschönheiten seiner Heimatregion um Nowogrudek in Litauen (heute Navahrudak in Belarus, Weißrussland) ausgefüllt hatte. (Er lebte seit 1829 im erzwungenen Exil und hat seine Heimat nicht wiedergesehen.) Dort heißt es gleich in der Einleitung nach der Anrufung der Muttergottes von Tschenstochau, die er, gleichsam als seine Muse, angesprochen hat:

> So wirst du einst durch Wunder uns nach Hause führen.
> Derweilen trag mein wundes Herz und lass es spüren
> Den Hauch der Hügel, Haine und der grünen Au,
> Gestreckt ans Memelufer unter Himmelsblau,
> Die Felder wie gemalt mit vielerlei Getreide,
> Mit Weizengold, mit Roggen silbrig wie von Seide,
> Wo bernsteinfarbne Trespe, Heidekorn wie Schnee
> Mit zart jungfräulich Rot sich mengt von Wickenklee,
> Und alles dies gefasst in Samt der grünen Säume,
> Darauf gereiht mit Birnen schwer behangne Bäume.
>
> (Mickiewcz 2018, I/13–22)

Mácha stellt solch einen persönlichen Bezug zum Geschehen erst am Ende des Epos her (auch Mickiewicz hatte sich in seinem Epos noch einmal selbst als Person zu Wort gemeldet). Ansonsten schwärmt er von der Schönheit der Heimat im Mai und von der Allgegenwart der erotischen Beziehungen in der erwachenden Lenzesnatur. Aber er selbst spricht von einer Abwesenheit von dieser bezaubernd schönen Umwelt, zunächst aus der Sicht des Helden Wilhelm, der wegen seines Vatermords, also der Wirkung des Oedipusmotivs, grausam hingerichtet wird, dann aber aus der Sicht des Dichters selbst, der sein eigenes Ende kommen sieht. Es sei mir gestattet, die Bezüge zu dem Werk, das den *Mai* besonders inspiriert hat, nicht nur wegen ihrer Häufigkeit, sondern auch und hauptsächlich wegen ihrer Stichhaltigkeit – nicht im Sinne von ›Nachahmung‹, sondern im Sinne der geistigen Verwandtschaft der beiden Dichter – zu nennen. Die neueste Übersetzung des *Pan Tadeusz*, die ich vor zwei Jahren im gleichen Verlag veröffentlicht habe, gibt mir dazu einen willkommenen Anlass.

Zunächst unterscheiden sich diese beiden hymnischen Gesänge voneinander: Der Dichter des *Pan Tadeusz* sehnt sich in seine vielgeliebte Landschaft zurück, der Dichter des Mai i s t in ihr und erfährt dort von einer grausamen Liebestragödie. Bei Mickiewicz wird das Unglück des Exils durch eine landesfremde Kolonialmacht – das Zarenreich (doch auch von Preußen und Österreich, also der ›Dritten Polnischen Teilung‹ 1795) – verursacht, bei Mácha wird sein *alter ego*, der Räuberhauptmann Vilém, der des Vatermords beschuldigt wurde, von der Ordnungsmacht des Staates öffentlich geköpft und gerädert. Nach alten

Reiseführern gab es am Ende des 18. Jahrhunderts auf dem Prager Rossmarkt, dem oberen Ende des heutigen Wenzelsplatzes (Václavské Náměstí), und auch andernorts noch Schauexekutionen. Die Hinrichtungen mit der Guillotine im Zuge der Französischen Revolution, besonders die von Marie Antoinette und ihrem Gemahl, König Ludwig XVI., waren sicher noch in grausiger Erinnerung.

Mit der Szenerie des alten Burgverlieses und der Hinrichtungsstätte hat sich Mácha in die Landschaft der Schauerromantik begeben, die Mickiewicz nur noch in Anspielungen aus dem Munde des Grafen zitiert, so im folgenden Beispiel, an Gerwazy gewandt, bei der Betrachtung eines verfallenden Schlosses:

> »O!« – rief der Graf und hob bewundernd beide Hände,
> »Ich hab es doch geahnt, als ich so liebte diese Wände,
> Obwohl ich nicht gewusst, welch Schatz in ihnen sich [verbarg,
> Welch Drama, welch Geschichte, wie bewegt und stark!
> Wenn's mir gelingt, der Ahnen Schloss Soplica zu [entreißen,
> Will ich in diesen Mauern dich den Burgvogt heißen;
> Was du, Gerwazy, mir berichtet, hat mich tief gerührt.
> Nur schade, dass du mich zur Nachtzeit nicht hierher [geführt;
> Ich hätte mich, gehüllt in meinen Mantel, hergesetzt,
> Und du, du hättest mich mit blutgen Mären hier [ergötzt ...«
>
> (Mickiewicz 2018, II/365–374)

Mácha hat sich in das, was bei Mickiewicz ironisiert wird, selbst hineinbegeben. Wenn er z.B. nach dem Lebensbericht Wilhelms vom Gefängniswärter sagt:

> Er hat, solang er noch auf Erden weilt'
> Was er vernommen, niemand mitgeteilt.
> Auf nimmer hat auch seine blassen Wangen
> Je Lachen, Fröhlichkeit umfangen …

oder von Jarmila:

> Der Sterne Heer erglänzt in ihren Zähren,
> Die – Funken gleich – auf ihren Wangen spielen.
> Die heißen Lichtlein sind auf kühlen Wangen
> Sternschnuppen gleich im Fall vergangen;
> Die Blüte dorrt, auf die sie niederfielen,

dann meint er es auch. Und doch kommen diese Übertreibungen zumeist aus der gleichen Quelle. Auch bei Mickiewicz gibt es eine lange Erzählung, die grausig ausgeht, nämlich die »Beichte Jacek Soplicas«, der den Vater seiner Geliebten, der ihm die Hand seiner Tochter verweigert hatte, umgebracht hat.

Die Abwesenheit nationalistischer Töne im Poem aber, die er selbst oder einige seiner Freunde festgestellt hatten, empfand Mácha wohl so sehr als Mangel, dass er sich veranlasst sah, in einem Begleitgedicht die Nationaltugenden der Tschechen hymnisch zu besingen. Dieses Gedicht wurde von den Herausgebern (auch der Übersetzungen) meistens weggelassen, da sie keineswegs die Schönheit des *Mai*-Gedichts insgesamt beeinflussen wollten. In der Erstauflage meiner Übersetzung von 1983 habe ich, da es mir auch um die wissenschaftliche Präsentation des Werks mit vorhandenem Beiwerk ging, dieses vierstrophige Gedicht beigefügt. In den vier Strophen werden zunächst als Nationaltugenden die menschliche Güte, dann die Tapferkeit, dann die Treue zum Herrscher (wir befinden uns in der Zeit Metternichs!) und schließlich die Liebe zur Muttersprache gepriesen:

Gar gute Menschen sind die Böhmen!
Ruf du sie an in deiner Not!
Sie werden deinen Ruf vernehmen
Und laben dich mit Trank und Brot;
Und komme auch ihr ärgster Feind,
Nur Güte ist der Böhmen Lohn!
Gar gute Menschen sind die Böhmen
Und du bist Böhmens treuer Sohn! …

Chor

Unsre Brüder, Böhmens Jugend,
Herzensgüt' ist eure Tugend!

Gar tapf're Menschen sind die Böhmen,
Die Böhmen zwinget keine Macht,
Lass fahren Hoffnung auf den Sieg,
Wenn du dich stellst der Böhmen Schlacht.

Wo Böhmen stehn, wird hart gefochten,
Ist Heldenruhm der Kämpfer Lohn.
Gar tapf're Männer sind die Böhmen
Und du bist Böhmens treuer Sohn.

Chor

Unsre Brüder, Böhmens Jugend,
Tapferkeit ist eure Tugend!

Gar treue Menschen sind die Böhmen,
Die Treue ihre erste Pflicht;
Sind treu der Heimat, treu dem König,
Sind treu, bis dass ihr Auge bricht.
Mein Gott – mein König – meine Heimat!
So tönt des Kriegers letztes Stöhnen,
Du bist des Landes treuer Sohn,
Gar treue Menschen sind die Böhmen!

Chor

Unsre Brüder, Böhmens Jugend,
Treue ist der Böhmen Tugend.

Getreuer Bruder deiner Brüder,
Du treuer Sohn von Böhmens Stamme,
Der Böhmen Zunge ist auch dir
Des Vatererbes heil'ge Flamme.
Ihr Böhmens Wiese – Böhmens Hain!

Du Böhmens Tal – der Berge Fries!
Du weites Land – o Böhmens Heimat!
Ihr seid der Böhmen Paradies.

CHOR

Des Vaterlandes treuer Sohn,
Ein Blütenkranz sei dir zum Lohn,
Mit dem der Böhmen Mai dich pries!

Über dieses Gedicht wurde viel gemutmaßt. Es scheint, als habe der Dichter um der vorausgesetzen ›politischen Korrektheit‹ willen hier auf naive Weise das fehlende Engagement für die nationale Sache nachholen wollen. Pavel Vašák, der Herausgeber der vergriffenen zweisprachigen Ausgabe des *Mai* (meiner Zweitauflage bei Akropolis in Prag 2006), hat nach weiteren, bisher nicht zugänglichen Quellen zu diesem Gedicht bemerkt, dass es in Prag schon vor dem Erscheinen des Poems zirkulierte und gesungen wurde. Andererseits wurde und wird die Vermutung geäußert, dass das Gedicht einen parodistischen Charakter habe (s. K. Janský: *Knihovna klasiků*, Bd. 1, 350). Dass die tapferen tschechischen Soldaten »treu der Heimat, treu dem König, … treu, bis dass ihr Auge bricht«, seien, würde man heute in diesem Sinne verstehen. Wie in den eigenen Erläuterungen des Dichters sollte man dies jedoch als Versuch einer Verharmlosung gegenüber dem Zensor im Zeitalter Metternichs lesen. Im Übrigen fühlten sich die Tschechen in dieser Zeit als Untertanen des Königreichs Böhmen und Mähren, die in der K. und K. Monarchie das Königreich (das zweite ›K‹ mit Sitz in Prag) vertraten, und nicht des Kaiserreichs mit Sitz in Wien. Die Entzweiung zwischen der tschechischen und der deutschen Nation im Kaiserreich verschärfte sich erst mit dem Preussisch-Österreichischen Krieg, in dem das tschechische Kontingent sich voll eingesetzt hatte (Schlacht bei Königgrätz 1866), die Tschechen als Nation innerhalb der Monarchie aber kein Entgegenkommen zu erkennen glaubten.

Wie sein Vorbild Mickiewicz die stereotypen romantischen Schablonen mit seinem romanhaften Geplauder hinter sich ließ, so hat Mácha sie auf seine Weise durch die Melodik seiner Verse und durch den (nicht immer konsequenten) Gebrauch des jambischen Versmaßes hinter sich gelassen. Die heutige tschechische Schriftsprache trägt die Betonung mehrsilbiger Wörter auf der ersten Silbe. Es bedarf also bei der Schaffung einer vorwiegend jambischen Dichtung besonderer Kunstgriffe. Doch auch unabhängig vom Versmaß ist das Gedicht von einer solchen Melodik, dass man fast den Inhalt des darin Erzählten als nebensächlich betrachten oder gar, trotz einer gewissen Archaik der Sprache, aufgrund des Wohlklangs all die anderen Faktoren zu akzeptieren bereit sein und die hier geschaffene Szenerie als eben märchenhaft ansehen könnte. Eine – von vielen – der formalen Besonderheiten des Gedichts ist das Auftreten von Alliterationen (Stabreim), die der Dichter aus alten deutschen Quellen auf dem Wege über die Deklamationen bei Klar sich angeeignet haben mag. Unsere

Übersetzung hat, spontan, solche Formalismen, ohne dem Text Zwänge anzutun, wiederzugeben sich bemüht.

In einem Sinne erweist sich Mácha als – für die Zeit – kreativer: Im zweiten Gesang, der in der Gefängniszelle lokalisiert ist, hat der Dichter schon etwas geschaffen, das sich als ›innerer Monolog‹ oder gar als ›Bewusstseinsstrom‹ bezeichnen lassen könnte. Inspiriert wurde die Grübelei in der Nacht vor der Hinrichtung vielleicht von der »Beichte Jacek Soplicas« in Buch X von *Pan Tadeusz*, die jedoch als Dialog aufgebaut ist, der aber gleichermaßen in die Tiefen des Bewusstseins dringt. In dieser Szene spielt auch ein Waldhorn eine Rolle, das den Delinquenten für kurze Zeit in Träume versetzt. Zweifellos ist diese Stelle von der Jagdhornszene nach einer Bärenjagd in Buch IV des *Pan Tadeusz* inspiriert, bei der der Wojski als Jagdmeister mit seinem Instrument die Jägerschar begeistert.

Als Zugabe zu dem epischen Gedicht *Mai* sind in dieser Ausgabe aus Máchas lyrischem Schaffen seine acht Sonette und weitere Gedichte beigefügt, dies nicht nur, um die intensive seelische Beteiligung des Dichters an seiner Schöpfung zu dokumentieren, sondern auch, um zu zeigen, dass viele der Bilder und Gedanken im *Mai*-Epos schon in der Entstehungszeit der Sonette (1833) und volksliedhaften Verse (1832–35) vorhanden waren. Die SonettForm, bestehend aus einer bestimmten Anordnung von zwei Vierzeilern und zwei Dreizeilern, war in der frühen Phase der tschechischen Wiedergeburt eine beliebte Gattung. Der Slowake Jan Kollár (1793–1852) zeigte sich mit seiner Sammlung von 615 Sonetten *Slávy dcera* (›Slávas

Tochter‹, 1824 und 1832), mit denen er seine eigene Mythologie des Slaventums schuf, zumindest formal als Meister der Gattung. Von den acht Sonetten Máchas sind 5, also Nr. 1, 4, 5, 7 und 8, trochäisch (mit Anfangsbetonung: Xx) und drei, nämlich 2, 3 und 6, jambisch: xX, also im überwiegenden Versmaß des *Máj*.

Mácha hatte seine eigene Mythologie. Dies, und das ist seltsam, entsprach seiner Natur, wohlklingende Wörter und Phrasen auszuwählen und für sich zu wiederholen, die neben dem Versmaß und dem Reim den Text bereichern. Solche Wesen: Menschen, Tiere oder Pflanzen, können als Vergleichsobjekte in den Text aufgenommen werden. Weiter unten werden wir, im Zusammenhang mit den Gedichten der *Lieder im Volkston*, darauf zu sprechen kommen.

Erläuterungen zu den Texten

I. Der Mai

S. 9 *Die Widmung* an »Herrn Hynek Komm«: Über die Identität dieses Herrn gibt es, außer dem hier Gesagten, keine Quellen.

S. 11 *Zur Mitternacht*: In dieser Abendstimmung gibt es viele Erscheinungen, die nicht als gleichzeitig gedacht werden können, jedoch, in leicht veränderter Folge, eine Handlung bilden.

Die Nachtigall sang ihre Lieb' der Rose: Ein besonders spitzfindiger Rezensent nicht nur meiner, sondern auch anderer deutscher Versionen hat hier eine Fehlübersetzung zu monieren geglaubt: Der Gattungsname des Vogels Nachtigall ist tschechisch *slavík*, und zwar männlichen Geschlechts. Dass eine weibliche Nachtigall der weiblichen (!) Rose ihre Liebe singen solle, störte ihn also. Wenn in dem Walten der Natur und dem Walten ihrer Lebenskraft, die hier besungen werden, nicht Gattungsname und Name der Spezies unterscheidbar sind, würde ich ihm empfehlen, statt der Nachtigall für sich persönlich hier den Zaunkönig einzusetzen, der auch singen kann, nur nicht so schön – aber ›männlich‹ ist. Den anderen Lesern, meine ich, wird es hier wohl auch auf die Melodik des Verses ankommen, die im Deutschen, ähnlich dem tschechischen *střízlík*, mit dem Zaunkönig nicht so wohlklingend wäre.

S. 12 *Vom Eichenschatten*: Den Leser mag es irritieren, dass gleichzeitig mit den Sternen in dem Bilde von Schatten gesprochen wird, der ja einen Sonnenschein voraussetzt. Hier ist mit Eichenschatten wohl die unmittelbare Umgebung einer großen Eiche zu verstehen, die Tag und Nacht stets den gleichen Umkreis hat. Diese Eiche spielt in dem Geschehen auch weiterhin eine Rolle.

S. 12 *Amarant* ist der griechische Name einer Zier- und Nutzpflanze*: amaranthos.*

S. 13 *Lände: (die)*: ein Landeplatz für Boote.

S. 37 *Hag:* nach Grimms *Deutschem Wörterbuch* »ein lebender Zaun«, bestehend aus Büschen und Bäumen.

S. 43 *Bühl oder* Bühel: eine Bodenerhebung, ein Hügel.

S. 46 *Gestorbnen Schwanes Sang* : In der Passage 4/799–809 wird wie in einer musikalischen Komposition, Sinfonie oder Sonate, eine ganze Passage wiederholt (oder zum Klingen gebracht). Dies geschieht im *Mai* des Öfteren. In diesem konkreten Falle habe ich, weil der Text schon fast wie ein kirchliches Ritual klingt, solche Wiederholungen mit dem Begriff »Litanei der Vergänglichkeit« bezeichnet. Dieses letzte Bild vom Schwanengesang, das auf die griechische Antike zurückgeht, erscheint bei Mácha hier nur in der »2. Litanei« als klassizistisches Relikt.

Dass der Mai nur in Böhmen und Umgebung so zelebriert wurde, sollte man jedoch nicht unterstellen: Es gibt auch in anderen nationalen Dichtungen ähnliche Preisungen. Hierzu gehört – vielleicht gar als mögliche Inspiration – Heinrich Heines, von Robert Schumann in dem Zyklus *Dichterliebe* vertontes Gedicht, das im Jahre 1823 erstmals erschienen war:

Im wunderschönen Monat Mai,
Als alle Knospen sprangen,

Da ist in meinem Herzen
Die Liebe aufgegangen.

Als Inspiration kommt freilich neben Vielem auch die Folklore-Dichtung infrage: auch die tschechische. Aus meiner Elementarschulzeit in Prag vor dem Zweiten Weltkrieg habe ich noch diesen Vers in bruchstückhafter Erinnerung (Wir hatten in der 1. Republik ›Tschechisch‹ als zusätzliches Pflichtfach):

Přijde jaro, přijde: zase bude máj,
Rozkvete se růže, rozkvete se háj.
Stříbrné své vlny hora vyleje,
Rozkvete tu růže, slavík zapěje.

Das würde auf Deutsch etwa lauten"

Sieh, der Lenz ist kommen – es ist Mai!
Rosen blühn, die Wälder blühen frei,
Silberwogen gießt der Hagen,
Rose sprießt, die Nachtigall will schlagen.

S. 50 *sententia moralis:* lat. für »die Moral«

Schließlich ist auch der Titel des Poems *Máj* nicht mehr der geläufige Name des Wonnemonats. Sein offizieller tschechischer Name ist *Květen* (der ›Blütenmonat‹). Als *Máj* wird der Monat jedoch in der Poesie und bei den von alters her gefeierten Frühlingsfesten angesprochen. Der 1. Mai war schon bei den mittelalterlichen Europäern stets der ersehnte Anfang der warmen Jahreszeit und wurde, ja wird noch in der tschechischen Jugend als *majales* – auch in einem politisch-nationalen Sinne – gefeiert.

2. Die Sonette:

S. 55 *Iduna* ist hier zunächst etwas rätselhaft. In der zeitgenössischen deutschen Klassik zirkulierten schon vor Mácha die sog. ›Paramythien‹, mit denen ihre Vertreter wie Herder sich bemühten, der vielzitierten klassisch-griechischen Götterwelt eine germanische gegenüberzustellen. Die Idee, dass man nicht ausschließlich die Götterwelt des antiken Griechenland oder Rom zitieren solle, um einen überirdischen Vorgang zu untermalen, sondern an ihrer Stelle mehr die heimische der nordischen, nord-germanischen Asen, deren Bestand man willkürlich wiederbelebte, wurde zunächst 1796 in Schillers Zeitschrift *Horen* geäußert und debattiert. Da wurden wiederholt Namen wiedergefunden, von denen man hoffte, dass sie sich einbürgern würden. Iduna hat jedoch bei Mácha nicht ganz die Funktion, die sie bei Herder in dem Gespräch zweier Zeitgenossen hat. Dort steht über Iduna: »Braga, der Gott der Dichtkunst, hat eine Gemahlin (mit Namen Iduna, W.S.), der die Götter die Äpfel der Unsterblichkeit anvertraut haben. Altern die Götter, so verjüngen sie sich durch den Genuß derselben.« Dazu bemerkt der Sprecher (namens Frey): »Ich fürchte aber, daß diese Götter ganz tot sind und sich nie verjüngen werden. Die nordische Morgenröte leuchtet, ohne je zu erwärmen.«[1] Diese Stelle enthält zwei ›Götterdämmerungen‹: Die erste ist die der klassischen Antike, an deren Namen und Insignien man sich übersättigt hatte, die zwei-

1 *Herders Werke*, Meyers Klassiker-Ausgaben, Bd. 4, Leipzig und Wien (o.J.), S. 23.

te lebt von dem Versuch, die klassische durch eine heimisch-nationale zu ersetzen, was ebenfalls nicht von großem Vertrauen begleitet war, denn wir haben es hier mit zwei unabhängigen Codes zu tun, dem des transzendentalen Weltbilds der Aufklärungszeit einerseits und dem des klassizistischen literarischen Geschmacks beim Übergang zur Romantik andererseits, die jeweils ihre eigene Gesetzmäßigkeit haben. Was wir dabei erleben, ist der gleitende Wandel von der Periode des Klassizismus zu der der Romantik, den man hier, wenn das möglich wäre, mit dem Jahr 1796 datieren könnte. Noch anders ist die Lage bei Mácha zu sehen: Der *Máj* ist zwar von übernatürlichen Erscheinungen erfüllt, die jedoch nicht oder nur zu einem geringen Teil auf eine Götterwelt bezogen sind. Den meisten Anteil haben an Wilhelms Welt personifizierte Naturphänomene, die die Welt des Räuberhauptmanns begleiten. Seine Tragik besteht aber darin, dass er einer irdischen Obrigkeit anvertraut worden ist, die ihn wegen des Vatermords auf der Basis der geltenden Gesetze zu einem grausamen Tod verurteilt hat. Iduna erscheint auch nicht im *Mai*, sondern in den *Sonetten und anderen Gedichten*. Da ist sie wohl nicht die Gattin des Dichtergottes, sondern nur ein klangvoller Name, von dem man sich etwas sehr Mysteriöses erwarten könnte, das aber undefiniert bleibt. Eine große Rolle spielt dabei, dass er sich mit *Luna* reimt. Im Jahre 1832 schrieb Mácha ein Liebesgedicht an Iduna. Der Name war in dieser Zeit auch als Name für deutsche Almanache sehr beliebt, z.B. in Dresden 1810 *Iduna. Religiöse Dichtungen* oder in Breslau 1812–16 *Iduna und Hermode* etc.

S. 55 *Luna* wurde also für den Namen des Mondes aus Zwecken der Euphonie und um des Reimes willen für das sonst gebrauchte *měsíc* gesetzt.

S. 46 *Gestorbnen Schwanes Sang*: In der von mir so genannten zweiten »Litanei der Vergänglichkeit« (4/797–810) zitiert Mácha den altgriechischen Topos vom Schwanengesang, der ein Element des antiken Phaëthon-Helios-Mythos ist. Dass der Schwan vor seinem Tod singen müsse, beschließt die Sage, die in vielen Schattierungen im westlichen Europa schon im Mittelalter verbreitet war, so auch in der Dichtung der Vaganten (z.B. Carmina Burana), in der slavischen Volksdichtung (in der alttschechischen mehrfach bereits in der »Grenzzone des Minnesangs« etc.), jedoch erst ca. seit der Mitte des 18. Jahrhunderts bei den Ostslaven. Als Naturrequisit populär wurde das Bild durch Goethes Übersetzung der serbokroatischen Volksballade von »Hasan Agas Gattin« (s.u. im Kommentar zu den »Liedern im Volkston«). Heute ist der ›Schwanengesang‹ weltweit sprichwörtlich geworden. (Vgl. auch meine *Geschichte der tschechischen Literatur*, 1996)

S. 56 *O Herr, o Herr, o Herr! Es ist vollbracht* etc. (Sonett Nr. 2): Ein freies Zitat aus dem Neuen Testament: Lukas 23,29, hat den Dichter wie viele andere Textbruchstücke wohl durch seine Suggestivität inspiriert.

S. 62 *Zu besiegen ihre frevlerische Hand*: Das Sonett Nr. 8 wurde erst neuerdings als solches erkannt. Die hier zitierte Verszeile fehlt in der offizielllen Ausgabe, und das Manuskript ist verloren. Eine frühe Übersetzung des Gedichts durch Alfred Waldau lautet hier jedoch: »Erhebend gegen ihn die Undankshand«. Offensichtlich war aus dem ursprünglichen Satz diese eine Zeile verloren gegangen. Durch Rekonstruktion ergab sich, dass es sich hier um ein echtes Sonett handeln müsse.

S. 69 *des Kuckucks Ruf* im 4. Gesang ist in Mitteleuropa der Lenzeskünder.

3. Lieder im Volkston etc.

Es handelt sich hier zunächst um eine Reihe von Gedichten, die 1832–35 entstanden sind. Im Original lautet der Titel der Erstfassung von 1834 *Ohlas národních písní*, d.i. ›Widerhall der Volkslieder‹. Die Idee, Gedichte des Volkes in die Kunstdichtung einzuführen, geht auf die frühe Romantik zurück. Sie wurde in Herders Sammlung *Volkslieder* bereits um 1778 realisiert. Was dabei eine wichtige Rolle spielte, ist der Umstand, dass eine bedeutende Region der europäischen Lieddichtung, die der Südslaven: Serben, Kroaten und Slovenen, durch eine Entdeckung und eine bedeutende Übersetzung mit einem Schlage hohe Anerkennung fand. Mácha, der sehr reise- und wanderfreudig war, hielt sich 1835 einige Zeit in slovenischem Gebiet (auf der Halbinsel Istrien) auf und befreundete sich dort mit seinem slovenischen Kollegen France Prešern, der in seiner Heimat eine ähnliche Rolle spielte wie Mácha in Böhmen und Mähren. Vielleicht durch ihn oder aber durch die erste tschechische Übersetzung durch den Tschechen František Ladislav Čelakovský (1822) lernte er das serbokroatische anonyme tragische Gedicht »Hasanaginica« kennen, das Johann Wolfgang von Goethe unter dem Titel »Klagegesang von der edlen Frauen des Asan Aga, aus dem Morlackischen« nach einer Prosaübertragung von C. Werthes umdichtete. Die Übertragung aus dem »Morlackischen« (das sind die islamischen Serben) machte diese Region der südslavischen Volksdichtung mit einem Schlage berühmt.

Die Eingangsverse dieses reimlosen Gedichts lauten in Goethes Übersetzung folgendermaßen:

Was ist Weißes dort am grünen Walde?
Ist es Schnee wohl oder sind es Schwäne?
Wär es Schnee, er wäre weggeschmolzen;
Wärens Schwäne, wären weggeflogen.
Ist kein Schnee nicht, es sind keine Schwäne,
's ist der Glanz der Zelten Asan Aga
Niederliegt er drin an seiner Wunde;
Ihn besucht die Mutter und die Schwester,
Schamhaft säumt sein Weib, zu ihm zu kommen.

Diese Eingangsverse enthalten eine Figur, die in der slavistischen Folklore-Forschung in Anlehnung an diese Stelle als die ›Slavische Antithese‹ bekannt wurde. Es handelt sich hier um ein sogenanntes Zeigfeld oder, mit dem wissenschaftlichen Namen, eine Deixis (ausgesprochen: De - i - xis), d.i. die besondere Art der Einführung eines Objekts oder einer Person in die Erzählung: Zuerst erfolgt ein Hinweis auf ein Objekt oder eine Figur, die in der nachfolgenden Erzählung eine Rolle spielen sollen, der sich aber als irrig erweist. Dann werden die tatsächlichen Objekte oder Personen eingeführt. Diese Erzählfigur in meist epischen Volkliedern ist in vielen slavischen Regionen weit verbreitet: vom Weißmeer in Russland bis an die Adria. Ich habe sie auch in der tschechischen Volksdichtung von der Region um Pilsen in Böhmen bis zu den Bulgaren am Schwarzen Meer nachgewiesen. Ferner habe ich die Theorie entwickelt, dass es sich bei dieser

Figur um ein vorchristliches Erbe antiker Rituale handelt, denn es gibt von ihr zwei Varianten: eine himmlische (uranische) und eine irdische (chthonische), die wiederum jeweils ihre spezifischen Objekte und Stimmungen zitieren. In der frühindogermanischen Bevölkerung Europas (Skythen, Illyrer, Sarmaten, Thraker etc.) wurden ja, wie in der vorchristlichen und vormuslimischen Zeit, Götter der Ober- und der Unterwelt angerufen. Die Anrufungen der Götter der Unterwelt finden sich in den ›Slavischen Antithesen‹ ebenso reflektiert wie die der Oberwelt. (Vgl. W. S.: *Vom Mythos zum Epos*, Frankfurt a. M. 1902, 173–232.)

Bei Mácha fand die ›Slavische Antithese‹ nur in der uranischen Variante nach der »Hasanaginica« Eingang in seine folklorischen Gedichte: also mit der in Goethes Übersetzung auftretenden Frage nach Schwänen, Tauben oder Schnee. Sie erscheint in den Liedern Nr. 2, 7, 13 und in dem abschließenden »Fragment«, andeutungsweise auch andernorts. Die Bilder der ›Slavischen Antithese‹ benutzte er dabei, besonders in den Gedichten des Zyklus, nicht immer als Deixis, sondern auch als ins Geschehen eingebundene Bestätigung, und nicht immer am Eingang des Gedichts, sondern im Zusammenhang mit den handelnden Figuren, so in dem »Gedicht im Volkston« Nr. 13.

Taute nicht der Schnee
Auf der felsigen Stirn?
Der Schnee ist weggetaut –
Oder sind es Schwäne,

Weiße Schwäne?
Sie ruhen dort
An der felsigen Wand
In den grünen Matten,
Die lieblich duften
Im abendlichen Gefild? …

Im diesem Text hat der Dichter die ›Slavische Antithese‹ lyrisch und kreativ weitergestaltet. Auch in der Nr. 7 ist das ›Zeigfeld‹ ein Stück des Geschehens geworden, das sich über 32 Verszeilen estreckt. Noch anders ist es in dem Fragment der ausgewählten Gedichte, wo das »weiße Scheinen« nur zu einem einzigen Bilde gestaltet ist.

Die Gedichte der Sammlung, die später einfach unter dem Titel *Písně* (›Lieder‹) herausgegeben wurde, zeichnen sich durch Schlichtheit und Gemütstiefe aus. Einige von ihnen sind reimlos (in Blankvers), bisweilen auch mit unregelmäßigem Metrum (Versfuß) geschrieben.

Das letzte Gedicht »Die Taube« ist ein Bruchstück, das nur den ersten Teil der ›Slavischen Antithese‹, und zwar wiederum als positives Bild, enthält. Es könnte auch von *Pan Tadeusz* inspiriert sein, wo der Dichter (im 4. Buch) sich nostalgisch an seine Aufenthalte im heimatlichen Urwald erinnert.

S. 69 *Karlstein* ist eine gut erhaltene Burg südwestlich von Prag, die Kaiser Karl IV. im 14. Jahrhundert dort angelegt hat. Er verbrachte dort viele Tage und Wochen, um zu beten und zu meditieren. Karlstein ist heute ein beliebtes Ausflugsziel für Wochenenden.

S. 80 *Das Gedicht Nr. 12* ist offenbar als erotische Allegorie zu verstehen, das wie Goethes Lied vom Heidenröslein: »Sah ein Knab ein Röslein steh'n« sich auf eine Liebesbeziehung bezieht.

S. 85 *Želetin* und *Vorlik* sind Ortsnamen aus der südlichen Moldauregion. Der richtige Name der Burg Vorlik an der Moldau ist Orlík, soviel wie ›Adlernest‹, von *orel* = ›der Adler‹. Das vorgestellte *V* ist umgangssprachlich und wird wie deutsch *W* ausgesprochen, das Ž von Želetin wie französisch *J* (in *Journal*).

S. 85 f. *Želetiner Wälder* und *Haine* in Nr. 16 und 17 bezieht sich auf eine Forstwirtschaft an einem rechten Zufluss der Moldau, wo der Dichter offenbar eine unglückliche Liebe zu der Försterstochter erlebt hatte, die in Nr. 17 als die »Ricke« impersoniert wird.

Zu beachten ist, dass in den Liedern im Volkston das Gedicht Nr. 13 ebenfalls einen überschwenglichen Preis des Monats Mai in Böhmen enthält.

S. 89 *Serenade* (*Zastaveníčko*, etwa ›Stelldichein‹): Der Titel fand sich auf einem Blatt, das wie mehrere bei Máchas Freunden kursierte. Die Handschrift des Textes ist die seine, die Überschrift zeigt die Handschrift Karel Sabinas (1813–77), seines nächsten Freundes, der der Textdichter der Oper *Die verkaufte Braut* von Friedrich Smetana geworden ist. Sabina entging im Revolutionsjahr 1848 als Radikaler nur knapp der Todesstrafe.

Kurze Bibliographie

1. Textgrundlage der Übersetzung

K. H. Mácha: *Spisy*, hg. v. Karel Janský, Bd. I: *Básně a dramatické zlomky. Knihovna klasiků*, Praha 1959.

2. Deutsche Textausgaben

a) K. H. Mácha: *Máj*, zweisprachige Ausgabe, Enthaltend zwei Übertragungen von Otto F. Babler und Walter Schamschula: Schriften des Komitees der Bundesrepublik Deutschland zur Förderung der Slawischen Studien, Bd. 6, Köln/Wien 1983 – mit ausführlicher Bibliographie auch der bisherigen Übersetzungen.
b) K. H. Mácha: *Máj – Mai*, zweisprachige Ausgabe von Pavel Vašák, deutscher Text von W. Schamschula, Praha 2006 – mit biographischem Material.

Adam Mickiewicz: *Pan Tadeusz oder der letzte Einritt in Litauen*, neu übersetzt v. Walter Schamschula, Stuttgart 2018.

3. Weiterführende Literatur

Kindlers Literatur-Lexikon, Bd. 7, Zürich (mehrere Auflagen).
Milada Součková: *The Czech Romantics, Slavistic Printings and Reprintings Nr. XVII*, Leiden 1958.
Zu den Sonetten: Peter Richter: *Studien zur Geschichte des Sonetts in der tschechischen Literatur von den Anfängen bis zur Romantik*, Diss. Frankfurt a.M., Frankfurter Abhandlungen zur Slavistik, Wiesbaden 1973.

K. H. Mácha: »*Die Liebe ging mit mir …*«, Auswahl der Prosa von P. Demetz etc., Stuttgart/München o.J. (enthaltend auch die *Máj*-Übersetzung von Otto F. Babler).

Über den Dichter: W. Schamschula: *Geschichte der tschechischen Literatur*, Bd. 2, Köln 1996, S. 6–18.

Zur ›Slavischen Antithese‹: W. Schamschula: »Vom Mythos zum Epos. Die Wege der slavischen Sängerepik«, in: *Westslavische Beiträge, Bd. 6*, Frankfurt a.M. 2012, 193–232.

Weitere Übersetzungen von Walter Schamschula

Adam Mickiewicz

Pan Tadeusz

Oder der letzte Einritt in Litauen

2018. 382 Seiten. Halbleinen. ISBN 978-3-520-61101-7

Pan Tadeusz, das Nationalepos, das heilige Buch der Polen, schildert das Leben auf einem polnischen Gutshof in der Epoche der napoleonischen Kriege. Erzählt wird die Geschichte von zwei heftig zerstrittenen Adelsfamilien und – wie könnte es anders sein? – der Liebe zwischen Tadeusz, Erbe der Soplicas, und Zosia aus der Familie Horeszko. Walter Schamschula hat dem deutschsprachigen Publikum das Geschenk gemacht, diesen Klassiker der Weltliteratur in seiner ursprünglichen Form ins Deutsche zu übertragen – als sprachliches Kunstwerk. Sein Nachwort liefert den historischen Rahmen.